Juegos de Lectura
LECTURA EFICAZ

ESCARLATINA
la cocinera cadáver

B Bruño

GRUPO ANAYA

¿A QUÉ JUGAMOS?

2

SALIDA

3

Las reglas del juego

PASO 1 Leed el texto y observad atentamente la cubierta y la contracubierta de vuestro libro *Escarlatina. La cocinera cadáver.*

PASO 2 Leed estas pistas para saber cómo va a mejorar vuestra lectura.

LEO Y COMPRENDO **LEO Y PIENSO**

LEO A MI ALREDEDOR **LEO EN VOZ ALTA**

→ Comprenderé todo tipo de textos.
→ Organizaré mis ideas.
→ Leeré mejor en voz alta.

CONOZCO LA LENGUA

→ Aprenderé el significado de las palabras y cómo emplearlas.

ENTRENO MI VISTA

→ Sabré concentrarme mejor.

ENTRENO MI MEMORIA

→ Reforzaré mi memoria visual.

ESCUCHO Y COMPRENDO

→ Comprenderé mejor las lecturas que escucho.

¿Qué necesitas?

→ Fichas de color para cada jugador.
→ Un dado.

¡ME GUSTA LEER!

1 ¿Quiénes protagonizan la historia?

CONTRACUBIERTA

2 ¿Cuántos años tiene Román?

3 ¿Qué regalo pide Román?

4 ¿Qué quiere ser Román de mayor?

5 ¿Cómo se llama el jefe del Inframundo?

PASO **3** Tapad las pistas con una hoja de papel.

PASO **4** Organizaos en grupos de 3 o 4 participantes. Uno de vosotros arbitrará el juego y dirá si las respuestas son válidas.

PASO **5** El primer jugador tira el dado y avanza las casillas que indique (puede iniciar el juego el participante que saque el número más alto).

PASO **6** ■ Si cae en una casilla vacía, pierde la vez.
■ Si cae en una casilla con círculo de color, tiene que explicar en qué le ayudará este tipo de actividad.
■ Si cae en una casilla numerada, contestará a la pregunta sobre la cubierta y la contracubierta.

PASO **7** ■ Si aciertas, adelantas una casilla.
■ Si fallas, retrocedes dos casillas y pasas el turno a otro jugador.

PASO **8** Gana quien llegue primero a la meta.

¡Empezamos!

Lee el **capítulo 1** y después señala la respuesta correcta.

→ **Román dice que a los diez años es difícil...**

a ser famoso.
b ser cocinero.
c jugar al ajedrez.
d conducir un coche.

→ **La madre le dice que cualquier día le mete...**

a en el armario.
b en un avión.
c en la lavadora.
d interno.

→ **¿Qué le pasa a Manola, la vecina?**

a Ha perdido la memoria.
b Se ha jubilado.
c Ha perdido el bolso.
d Se ha enfadado con Román.

→ **¿Qué ha pedido Román como regalo de cumpleaños?**

a Un libro.
b Un juego de sartenes.
c Un curso de cocina.
d Un balón de baloncesto.

→ **¿Cuándo se celebra el Día de los Difuntos?**

a El 2 de noviembre.
b El 25 de abril.
c El 1 de septiembre.
d No se celebra.

→ **¿Qué frase le decía el abuelo?**

a En esta vida hay que ser feliz.
b La vida es corta, Román.
c La vida es bella.
d La vida es dura, Román.

Lee el **capítulo 2** y después contesta a las siguientes preguntas.

→ **Cuando se fueron sus padres, ¿qué receta preparó Román?**

☐ Tarta cremosa de frambuesa y queso.   ☐ Bizcocho ultrafino de manzana y vainilla.

☐ Torrija.   ☐ Galletas francesas al praliné.   ☐ Tortilla de patatas.

→ **¿Qué dibujos decoraban el papel de regalo? Señala cuatro.**

☐ Gusanos.   ☐ Arañas.   ☐ Pájaros y nubes.   ☐ Murciélagos.   ☐ Cucarachas.

☐ Tartas de cumpleaños.   ☐ Tenedores y cucharas.   ☐ Bichos de colores.

→ **¿Qué forma tenía la caja? ¿A qué olía su interior?**

_____

→ **¿Quién podía conocer la existencia de Escarlatina?**

_____

Juega con las palabras

Busca cada palabra en la página indicada del libro. Lee el párrafo en el que está para deducir su significado.

→ **Escribe el número de cada palabra junto a su significado.**

1 **ingredientes** (página 8)
2 **batir** (página 8)
3 **delincuente** (página 10)
4 **inconsciente** (página 10)
5 **chef** (página 12)
6 **repelús** (página 17)
7 **praliné** (página 19)
8 **intimidad** (página 20)
9 **ataúd** (página 22)
10 **cincel** (página 25)

☐ Temor indefinido o repugnancia.
☐ Zona reservada a una persona y alejada de los demás.
☐ Crema de chocolate y almendra o avellana.
☐ Jefe de cocina de un restaurante.
☐ Herramienta para dar forma a golpe de martillo.
☐ Persona que comete un delito.
☐ Elementos que se usan para cocinar una receta.
☐ Caja donde se entierra un cadáver.
☐ Remover una sustancia para mezclar sus componentes.
☐ Que no tiene conocimiento de sus actos y consecuencias.

→ **Rodea el cincel.**

→ **Señala las dos oraciones en las que la palabra resaltada se utiliza correctamente.**

☐ El corazón le empezó a **batir** a mil por hora.
☐ La policía detuvo al **delincuente** en poco tiempo.
☐ Para dibujar sobre el lienzo con colores utilizaba un **cincel** grueso.
☐ He tenido que ir a comprar, porque me faltaban dos **ingredientes** para la receta.

→ **Elige una palabra del ejercicio anterior de la que no conocías su significado o te parezca difícil. Escribe una oración con ella.**

....

....

Sigue las pistas

Lee las pistas para averiguar cuál de los cuatro gatos es Dodoto.

Pistas

Dodoto tiene la cola larga

Dodoto es de color negro

Las orejas de Dodoto están tiesas

➡ **¿Quién es Dodoto? Comenta tu elección con el resto de la clase.**

- ☐ No es 2 ni 3: porque no tienen las orejas tiesas y no son negros.
- ☐ Es el 1: porque es de color gris, orejas tiesas y cola larga.
- ☐ Es el 2: porque tiene la cola larga, orejas tiesas y es de color negro.
- ☐ No es el 2 ni el 4: con las orejas tiesas y no tienen la cola larga.

Encaja las piezas

Elige un grupo de palabras de cada columna y forma seis oraciones. Escríbelas debajo.

No dejaba	la cara de	las magdalenas	curso genial!
¡En una caja tan	abrir el ataúd me	con olor	susto.
Eché detergente	la receta de	que haber un	fue regular.
Se le puso	de maullar	color rojo	a fresa.
En el momento de	grande tiene	temblaron	tomate frito.
El resultado de	y suavizante	con cara de	las piernas.

1 _____
2 _____
3 _____
4 _____
5 _____
6 _____

Letras repetidas

Escribe las letras de cada conjunto que se repiten dos veces.

Conjunto 1:
S T G L
B E V O
P W U F
L C U F

Conjunto 2:
E A X M
K F P B
R M U J
B O P L

Conjunto 3:
Z X E B
T D P G
B O Y V
X Z R C

Conjunto 4:
H B C F
L R M P
F Ñ K J
N C R A

Conjunto 5:
K J I H
R P L S
J H T Q
D L X B

Conjunto 6:
Q P R B
C H D S
P M B L
V C X E

¿Qué sabes de la lectura en voz alta?

Marca V o F al lado de cada afirmación, según sea verdadera o falsa.

	V	F
1 Cuando se lee para uno mismo se utiliza una lectura silenciosa.	☐	☐
2 Cuando se lee para los demás se hace en voz alta.	☐	☐
3 Antes de leer en voz alta, es mejor no preparar el texto en silencio.	☐	☐
4 La postura no importa. Conviene balancearse y moverse mucho.	☐	☐
5 Para evitar los nervios, lo mejor es taparse la cara con el libro.	☐	☐
6 Hay que mirar a los oyentes y captar su atención.	☐	☐
7 Los nervios se evitan preparando antes bien la lectura.	☐	☐
8 Lo más importante al leer en voz alta es que entiendan tu mensaje.	☐	☐
9 Hay que entrenar la velocidad, el volumen y la pronunciación.	☐	☐
10 Cuando se lee en voz alta no sirve de nada adelantarse al texto.	☐	☐

Solo con los ojos

Lee las palabras de cada etiqueta de un solo golpe de vista.

El resultado de · la receta de · las magdalenas · fue regular. · Me pasé al echar

la masa en los moldes, · y la mitad de ellas, · cuando empezaron · a crecer en el

horno, · salieron por fuera · y se convirtieron · en monstruos de varias cabezas.

Hubo otras con · mejor pinta, pero · quedaron algo crudas · por dentro.

→ ¿En qué se convirtieron algunas magdalenas? _____

Lee cada pareja de palabras fijando la vista en el punto.

curso ● niño	miedo ● visita	norma ● pieza
vida ● año	cocina ● caja	mezcla ● orden
papá ● mamá	papel ● bicho	comida ● cocina
cocina ● receta	sobre ● negro	saludo ● tienda

→ ¿Qué palabra se repite tres veces? _____

Busca en las columnas del mismo color las palabras diferentes y subráyalas.

1	2	3	4
nada	visita	nata	vista
receta	norma	receta	norma
cuido	delantal	ruido	delantal
pensar	azúcar	pensar	azúcar
fiesta	timbre	fiesta	timbre
casa	carta	cosa	corte
cierto	sobre	viento	sobre
libro	curso	libro	curso
vida	caja	vida	ceja
menos	tapa	menos	tope
mundo	mezcla	mando	mezcla
revista	olor	revista	color

El anuncio de un curso de cocina

Lee la información del cartel y realiza las actividades.

50% DESCUENTO

CURSO DE COCINA
¡Diviértete cocinando sano!

FECHAS
7 de septiembre a 25 de enero

LUGAR
Cocina del restaurante «El Pollo Loco»

HORARIO
Sábados de 11:00 a 13:00 horas

EDAD
7 a 14 años

PRECIO
65 €

¿CÓMO CONTACTAR?
Teléfono 003 55 66 777
cocinasanapolloloco@gmail.com
cocinasanapolloloco.org
El Pollo Loco. Calle del Plátano, 8

TEMARIO
Higiene en la cocina
Manejo de utensilios
Sopas y cremas
Legumbres
Verduras
Pastas y arroces
Carnes
Pescados y mariscos
Postres

REGALO DE DELANTAL Y GORRO DE COCINA

El precio incluye cuchillos, pelador y táper

→ **Indica si las siguientes afirmaciones son verdaderas (V) o falsas (F).**

	V	F
1 El curso comienza en enero.	☐	☐
2 Regalan un delantal y un gorro.	☐	☐
3 Cada sesión dura tres horas.	☐	☐
4 El curso se realiza en un colegio.	☐	☐
5 Admiten alumnos desde los 5 años.	☐	☐

→ **¿Cuál de estos alimentos echas en falta en el temario?**

☐ Pastas. ☐ Sopas. ☐ Huevos. ☐ Pescados.

→ **¿Cómo puedes contactar con el restaurante?**

☐ Web. ☐ Carta. ☐ *email*. ☐ Visita personal. ☐ Teléfono.

→ **¿Cuánto costaría el curso sin el 50 % de descuento?**

☐ 100 euros. ☐ 130 euros. ☐ 200 euros.

→ **¿Crees que este curso tiene alguna utilidad para ti? ¿Cuál?**

....

....

JUEGO 2

LEE EN SILENCIO

Puedes consultar el libro las veces que lo necesites

¡Empezamos!

Lee el **capítulo 3** y, después, señala la respuesta correcta.

→ **¿Cómo se quedó Román al ver lo que había dentro del féretro?**

a Triste.
b Contento.
c Alucinado.
d Estremecido.
e Dormido.

→ **Según las instrucciones, Román tenía que devolverle a Escarlatina...**

a la belleza.
b cinco euros.
c un paquete de azúcar.
d la vida.
e un libro.

→ **Marca con una cruz las tres afirmaciones que son verdaderas.**

☐ El vestido de Escarlatina olía a flores.

☐ Escarlatina era una cocinera que murió hace muchos años.

☐ Román escondió la caja en el armario.

☐ En la caja también había una araña negra y peluda que no se movía.

☐ El despertador de Román tenía forma de huevo frito.

☐ Para meter la llave en el mecanismo, había que esperar a las doce.

→ **¿Por qué Román esconde a Escarlatina y miente a sus padres?**

_____

_____

→ **¿Estás de acuerdo con que Román mienta a sus padres? ¿Por qué?**

_____

_____

→ **¿Qué finalidad tienen las instrucciones que van dentro de la caja?**

_____

_____

→ **¿Sueles leer las instrucciones antes de usar un aparato? ¿Por qué?**

_____

Juega con las palabras

Busca cada palabra en la página indicada del libro. Lee el párrafo en el que está para deducir su significado.

→ **Escribe al lado de cada definición la palabra que corresponda.**

- **alucinado** (página 29)
- **mogollón** (página 29)
- **tatarabuelas** (página 29)
- **mecanismo** (página 30)
- **cabreo** (página 30)
- **mondas** (página 35)
- **decibelios** (página 35)
- **arropar** (página 38)

1 Enfado y mal humor causado por algo. _____

2 Conjunto de las partes de una máquina. _____

3 Trastornado, ido, sin razón. _____

4 Unidades de intensidad del sonido. _____

5 Gran cantidad o gran número. _____

6 Cubrir o abrigar con ropa. _____

7 Antepasadas remotas de una persona. _____

8 Cáscaras de frutas, como la naranja. _____

Texto numerado

Lee este texto numerado y escribe en qué línea aparecen las palabras de abajo.

1 Después de quedar
2 alucinado con lo que
3 había dentro del
4 féretro, volví a coger
5 las instrucciones. Me costó
6 un poco entender que
7 Escarlatina era nada más
8 y nada menos que una
9 cocinera que estaba
10 muerta desde hacía un
11 mogollón de años. Y por si
12 eso no fuese bastante, venía
13 separada en piezas que se
14 enroscaban unas a otras.
15 Entre ellas, encontré un
16 vestido muy viejo, todo roído.
17 ¡Eso era lo que olía tan mal!
18 Es probable que en el
19 pasado fuese azul, como
20 el mar, pero los colores de
21 la tela estaban
22 completamente apagados.

- años: _____
- vestido: _____
- tela: _____
- entender: _____
- féretro: _____

Verdadero o falso

Vuelve a leer el texto de la página anterior.

→ **Indica si las siguientes afirmaciones son verdaderas (V) o falsas (F).**

		V	F
1	Al ver lo que había dentro del féretro, se quedó alucinado.	☐	☐
2	Nunca más volvió a consultar las instrucciones.	☐	☐
3	Escarlatina era farmacéutica.	☐	☐
4	Escarlatina había muerto dos años antes.	☐	☐
5	Venía separada en piezas que se enroscaban unas con otras.	☐	☐
6	Había un viejo y roído vestido.	☐	☐
7	El vestido olía muy bien, a flores.	☐	☐
8	La tela del vestido era de vivos colores.	☐	☐

En resumen

Marca con una x el resumen que te parezca más apropiado para este texto.

> Cuando mamá se fue de mi cuarto, cogí mi reloj-despertador en forma de hamburguesa y puse la alarma para las 23:45. Así me daría tiempo a sacar a Escarlatina de debajo de la cama, darle cuerda y leer las palabras mágicas que estaban en el manual de instrucciones. Imagino que os morís por saber si finalmente Escarlatina resucitó, o si por lo contrario todo era una historieta, una mentira, una bola, una trola.

Román tiene preparado todo para la una de la mañana. Por fin sabrá si le han mentido o no.	Román planea cómo probar las instrucciones y ver si Escarlatina resucita.	La madre de Román sospecha algo e investiga los planes de su hijo.

Al revés

Relaciona las palabras de la columna A que están escritas
a la inversa en la B.

¡Fíjate en el ejemplo!

A		B		A		B
A. féretro		ajero		A. araña		atocsam
B. cocinera		olager		B. espalda		orberec
C. vestido		roiretni		C. mascota		ozarba
D. interior		azeip		D. abuelo		ajnaran
E. ataúd	A	orteréf		E. miedo		aritnem
F. oreja		aceñum		F. naranja		añara
G. pieza		oditsev		G. galleta		adlapse
H. regalo		otrauc		H. cerebro		oleuba
I. cuarto		dúata		I. abrazo		odeim
J. muñeca		arenicoc		J. mentira		atellag

¿Cómo pronuncias?

Practica con estos trabalenguas para mejorar tu pronunciación.

→ Prepáralos en silencio antes de leerlos en voz alta.

Pepe Pecas pica papas
con un pico, con un pico
pica papas Pepe Pecas.
Si Pepe Pecas pica papas
con un pico, ¿dónde está
el pico con que Pepe Pecas
pica papas?

Un trabalengüista muy trabalenguado,
creó un trabalenguas muy trabalenguoso.
Ni el más trabalengüista ni el más
trabalenguado pudo trabalenguear aquel
trabalenguas tan trabalenguoso.

En casa está Román, que
prepara la masa de salsa y
se la da a comer al señor de
la calabaza hecha de masa.

Perejil comí,
perejil cené,
y de tanto comer
perejil, me
emperejilé.

AUTOEVALUACIÓN

¿**Pronuncias** correctamente el texto para que te entiendan con claridad?

Valóralo del 1 al 10

| 1 | 2 | 3 | 4 | 5 | 6 | 7 | 8 | 9 | 10 |

Solo con los ojos

Lee el texto saltando de la columna izquierda a la derecha.

Dodoto seguía jugando indiferente a todo Mi gato es un Pasa de su amo, y eso no me gusta. de vez en cuando para ver si aprende que sepa quién	con el arañón, lo que yo le decía. animal muy raro. que soy yo, Por ese motivo, le hago alguna travesura, y también para manda en realidad.

➔ **¿De quién pasa Dodoto?**

Lee varias veces las palabras fijando la vista en el punto.

araña ● cabaña
pierna ● oreja
brazo ● boca
nariz ● diente

llave ● clase
vida ● idea
beso ● araña
monte ● hambre

doce ● noche
plano ● piano
regalo ● galleta
araña ● señor

➔ **¿Qué palabra se repite tres veces?**

Escribe las palabras que se repiten en cada columna y el número de veces que lo hacen.

A	B	C
piezas	dientes	llave
féretro	araña	rápido
cocinera	piel	vida
piezas	beso	clases
enroscar	cuento	vida
vestido	araña	chillar
viejo	doce	vida
mal	hueco	caja
mangas	araña	robot
farol	curso	muñeca
vestido	cuento	cuarto
rayos	ataque	llave
mangas	cuento	policía
cocina	fresa	infarto
piezas	araña	llave
piernas	masa	emoción
piezas	doce	vida
brazo	mascota	robot
mangas	girar	muñeca

A

B

C

La lista de la compra

Lee la lista de lo que necesitas para preparar las galletas francesas.

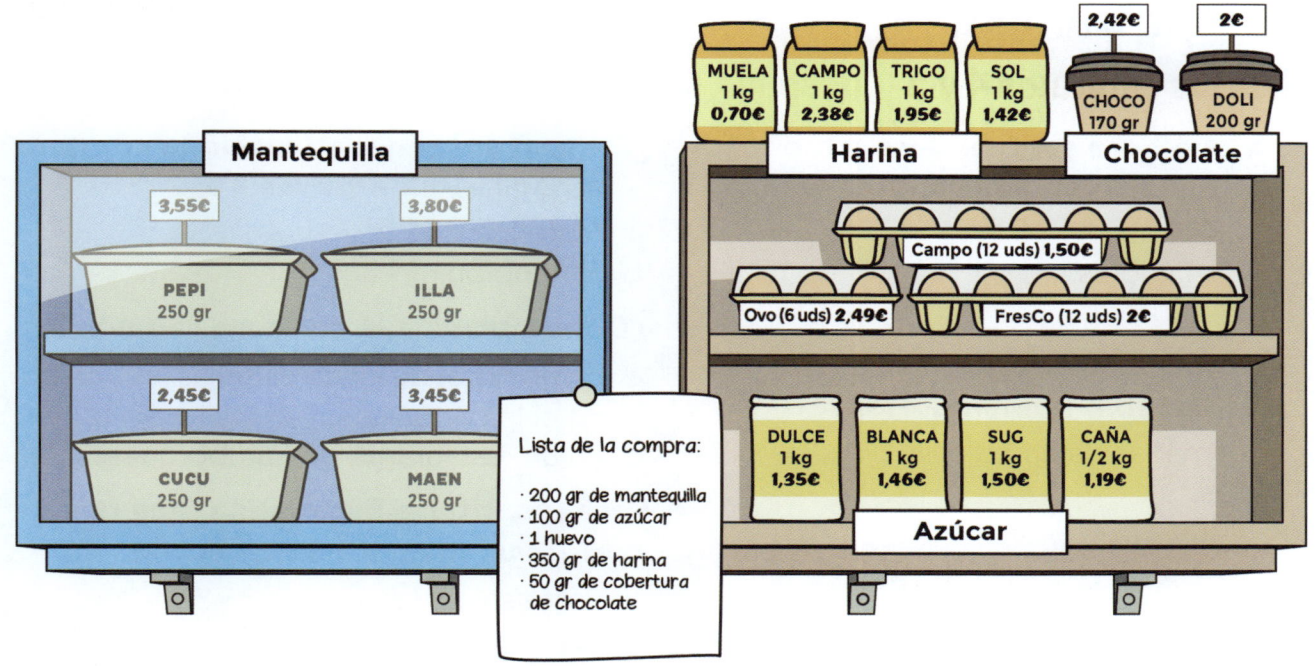

Mantequilla

PEPI 250 gr — 3,55€
ILLA 250 gr — 3,80€
CUCU 250 gr — 2,45€
MAEN 250 gr — 3,45€

Harina

MUELA 1 kg 0,70€
CAMPO 1 kg 2,38€
TRIGO 1 kg 1,95€
SOL 1 kg 1,42€

Chocolate

CHOCO 170 gr — 2,42€
DOLI 200 gr — 2€

Campo (12 uds) 1,50€
Ovo (6 uds) 2,49€
FresCo (12 uds) 2€

Azúcar

DULCE 1 kg 1,35€
BLANCA 1 kg 1,46€
SUG 1 kg 1,50€
CAÑA 1/2 kg 1,19€

Lista de la compra:

· 200 gr de mantequilla
· 100 gr de azúcar
· 1 huevo
· 350 gr de harina
· 50 gr de cobertura de chocolate

➡ **Indica si las siguientes afirmaciones son verdaderas (V) o falsas (F):**

V F

1. Necesitas seis ingredientes para hacer las galletas. ☐ ☐
2. Con cinco euros puedes comprar mantequilla, azúcar y huevos. ☐ ☐
3. Hace falta la mitad de azúcar que de mantequilla. ☐ ☐
4. Para elaborar las galletas necesitas un huevo. ☐ ☐
5. El producto del que se necesita más cantidad es la harina. ☐ ☐

➡ **¿Qué productos tienen el mismo peso?**

☐ Azúcar.   ☐ Harina.   ☐ Mantequilla.   ☐ Chocolate.

➡ **Escribe cuál es la marca más barata de cada producto.**

Mantequilla: _____   Azúcar: _____   Harina: _____

➡ **¿Cuánto dinero te vas a gastar, aproximadamente, en la receta de galletas?**

☐ De 10 a 20 euros.   ☐ Menos de 10 euros.   ☐ Más de 20 euros.

➡ **¿Crees que hacer la lista de la compra tiene alguna utilidad? ¿Cuál?**

_____

JUEGO 3

LEE EN SILENCIO

Puedes consultar el libro las veces que lo necesites

¡Empezamos!

Lee los capítulos 4 y 5 y, después, señala la respuesta correcta.

→ **¿A qué hora sonó el despertador de Román?**

a 23:30 horas.
b 23:45 horas.
c 24:00 horas.

→ **Al ver que la cocinera no despertaba, Román quiso...**

a llamar a una ambulacia.
b reír.
c llorar.

→ **Escarlatina resucita durante...**

a cinco horas.
b tres horas.
c un día.

→ **¿Cómo estaba Escarlatina al volver al Más Acá?**

a Asustada.
b Triste.
c Feliz.

→ **¿Cómo eran los ojos de la araña?**

a Dos puntos verdes.
b Dos puntos rojos.
c Dos botones amarillos.

→ **¿Dónde vivía la araña francesa?**

a En la nariz de Escarlatina.
b En una oreja de Escarlatina.
c En su telaraña.

→ **Resucitar a Escarlatina era algo...**

a sencillo.
b totalmente imposible.
c muy arriesgado.

→ **¿Cómo se llamaba la araña?**

a Lady Terror.
b Lady Horreur.
c Miss Espanto.

→ **¿De qué enfermedad murió la cocinera?**

a Escarlatina.
b Tosferina.
c Sarampión.

→ **¿Dónde trabaja la cocinera cadáver?**

a En un hotel de cinco estrellas.
b En el Inframundo.
c En un restaurante de hamburguesas.

→ **Para resucitar a Escarlatina, hay que cocinar un manjar que...**

a guste solo a los vivos.
b agrade solo a los muertos.
c guste a los vivos y a los muertos.

→ **¿Dónde tiene que ir Román a cocinar ese plato perfecto?**

a A una isla lejana.
b Al Inframundo.
c A una cocina junto al mar.

→ **Tres horas equivalen en el Más Allá a...**

a un mes.
b tres días.
c una semana.

→ **Si no consiguen cocinar el plato, Román...**

a tendrá que repetir el curso de cocina.
b no verá más a su gato.
c se quedará para siempre en el Inframundo.

→ **En el Inframundo, Román encuentra a...**

a su abuelo.
b un tío que casi no conocía.
c uno de sus primos mayores.

→ **¿Cómo se llama el autobús?**

a Busmort.
b Mortibús.
c Sustibús.

Juega con las palabras

Busca cada palabra en la página indicada del libro. Lee el párrafo en el que está para deducir su significado.

→ **Marca la definición correcta.**

- **adulto** (página 41)

  ☐ Medicamento para el catarro.

  ☐ Persona mayor.

  ☐ Niño pequeño.

- **tétrica** (página 44)

  ☐ Casilla de un juego de mesa.

  ☐ Tipo de sartén ovalada.

  ☐ Triste, demasiado seria.

- **decisión** (página 56)

  ☐ Documento para vender.

  ☐ Prenda de vestir.

  ☐ Resolución que se toma en algo.

- **estafa** (página 43)

  ☐ Delito por medio del engaño.

  ☐ Oficina del correo.

  ☐ Trozo de tela delgada.

- **campante** (página 47)

  ☐ Miembro de un campamento.

  ☐ Despreocupado o indiferente.

  ☐ Especie de capa corta.

- **pasota** (página 42)

  ☐ Tipo de puente para cruzar.

  ☐ Pasta de espaguetis.

  ☐ Indiferente a las situaciones.

- **reverencia** (página 45)

  ☐ Inclinación del cuerpo.

  ☐ Vergüenza por algo.

  ☐ Volver a mirar un paisaje.

- **eternidad** (página 56)

  ☐ Algo que dura muy poco.

  ☐ Duración sin principio ni fin.

  ☐ Granja de ganado.

- **punzante** (página 58)

  ☐ Que pincha.

  ☐ Tipo de guindilla.

  ☐ Terreno con pozos.

¡RIIING!

→ **Señala las dos oraciones en las que la palabra resaltada se utiliza correctamente.**

☐ Lo saludó con una elegante **reverencia**.

☐ Intentó darme una **decisión** detallada, pero no le entendía.

☐ No le importaba nada de lo que le decía porque era un **pasota**.

☐ Me compré un **campante** para las excursiones de este verano.

En clave

Lee el texto y elige las dos palabras que consideres más importantes para resumirlo.

De pronto, antes de que a Escarlatina le diese tiempo a explicarse, de uno de los agujeros de su nariz resbaló una araña negra. ¡Era el arañón con el que había estado jugando Dodoto! Colgado por un hilo de seda que le salía del culo, bajó tan campante hasta ponerse a la altura de la barbilla de la cocinera.

➜ **He elegido las palabras:**

.... : porque ....

.... : porque ....

Encaja las piezas

Ordena las palabras para formar oraciones y escríbelas debajo.

1 tarde ¡Estuve media piezas montando como tonto! un

....

2 pestañeó Ella varias contestar veces antes de

....

3 tenía La araña un acento marcado francés

....

4 la nariz negra resbaló De una araña

....

5 con atención el Escuché Escarlatina relato de

....

¡Mucha atención!

Escribe cuántas veces se repiten las letras o números indicados en cada recuadro.

6	4	1	3	2	5
7	9	3	7	8	9
1	0	4	9	7	4
8	6	7	4	0	9
5	6	0	3	2	1
7	5	4	3	6	8

1: _____   3: _____
5: _____   7: _____

B	4	8	8	2	U
S	W	F	D	2	L
L	O	B	3	F	Z
B	8	F	Ñ	8	0
2	Z	S	J	O	9
K	W	8	4	F	Ñ

B: _____   F: _____
2: _____   8: _____

f	c	a	c	b	p
r	z	l	k	d	y
k	n	c	h	z	s
f	c	s	h	g	w
h	a	b	o	c	ñ
q	h	u	t	n	u

z: _____   h: _____
b: _____   c: _____

¿Usas el volumen adecuado?

Lee cada línea con la intensidad indicada.

normal	→	Desde sus ojos enormes, abiertos y encendidos
susurro	→	como dos planetas, Escarlatina me observaba con
grito	→	aire de cierta preocupación.
alarido	→	¡Acababa de volver a la vida! No había sido
normal	→	Dodoto quien me había dado los golpecitos al
susurro	→	sentirme llorar, sino ella, la cocinera cadáver
grito	→	que ya no era un cadáver.
normal	→	Por lo menos, durante tres horas estaría viva,
alarido	→	¡y eso era mucho más que genial!
susurro	→	Vale, tengo que reconocer que seguía teniendo
grito	→	una pinta terrible. Entre la cicatriz de la mejilla, los
alarido	→	labios violetas y su piel morada parecía una muñeca
normal	→	tétrica. Pero hablaba, y ese era muy
susurro	→	buen síntoma.

AUTOEVALUACIÓN

¿Has usado la **intensidad** y el **volumen** adecuados para leer el texto?

Valóralo del 1 al 10

1   2   3   4   5   6   7   8   9   10

Solo con los ojos

Lee las palabras de cada etiqueta de un solo golpe de vista.

La araña tenía   un marcado   acento francés.   Era feísima,

con dos colmillos   negros muy grandes   que se movían cada

vez que hablaba.   Los ojos eran   dos puntos rojos,   brillantes y fríos,

y tenía el cuerpo   gordito y peludo.   Un arañón de   los de toda la vida,

de los que dan escalofríos   y son grandes   como nécoras.

➜ **¿Cómo tenía el cuerpo la araña?**

Lee varias veces cada pareja de palabras fijando la vista en el punto.

cama	●	reloj	cola	●	cala	sonrisa	●	felino
suelo	●	hombro	muñeca	●	amiga	parada	●	fantasma
rabia	●	patada	relato	●	manjar	pijama	●	muñeca
muñeca	●	vieja	mascota	●	barbilla	aplauso	●	cuerpo

➜ **¿Qué palabra se repite tres veces?** ....

Escribe las tres palabras que no se repiten dos veces.

pies	respuesta	engaño	mentira	espalda	ranura
cama	espalda	estafa	pies	labios	regalo
ranura	engaño	mentira	mirada	regalo	manual
mirada	respuesta	cama	....	....	....

relato	miedo	manjar	receta	alegría	cerebro
familia	alegría	plato	familia	mundo	colega
hilo	web	hilo	manjar	miedo	receta
cerebro	mundo	colega	....	....	....

Orden en el frigorífico

Lee con atención esta infografía y responde a las preguntas.

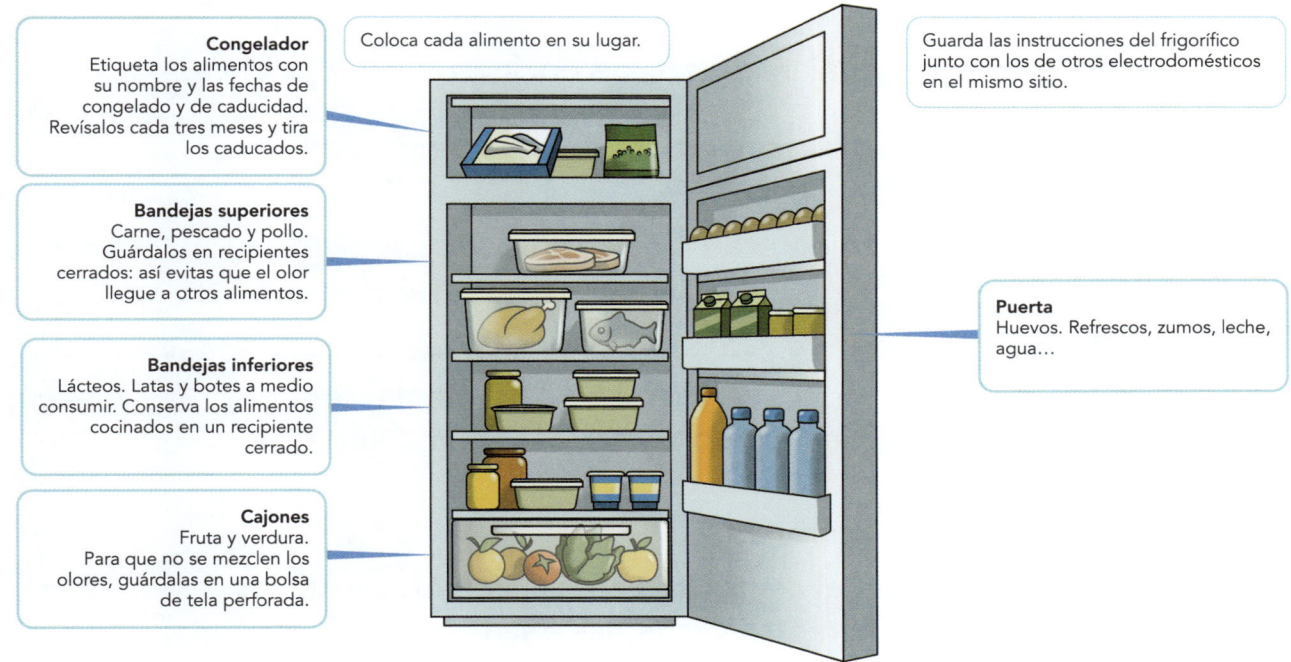

Congelador
Etiqueta los alimentos con su nombre y las fechas de congelado y de caducidad. Revísalos cada tres meses y tira los caducados.

Bandejas superiores
Carne, pescado y pollo. Guárdalos en recipientes cerrados: así evitas que el olor llegue a otros alimentos.

Bandejas inferiores
Lácteos. Latas y botes a medio consumir. Conserva los alimentos cocinados en un recipiente cerrado.

Cajones
Fruta y verdura. Para que no se mezclen los olores, guárdalas en una bolsa de tela perforada.

Coloca cada alimento en su lugar.

Guarda las instrucciones del frigorífico junto con los de otros electrodomésticos en el mismo sitio.

Puerta
Huevos. Refrescos, zumos, leche, agua…

➡ **Indica si las siguientes afirmaciones son verdaderas (V) o falsas (F)**

	V	F
1 No necesitas las instrucciones para que el frigorífico funcione bien.	☐	☐
3 Es mejor guardar las frutas y verduras fuera del frigorífico.	☐	☐
3 Los alimentos congelados nunca caducan.	☐	☐
4 Las botellas se colocan en la puerta.	☐	☐
5 Los alimentos cocinados se guardan en un recipiente sin tapa.	☐	☐

➡ **¿Dónde y cómo guardas la carne?**

☐ Arriba, en recipientes limpios y cerrados herméticamente.

☐ Abajo, en el papel de la tienda.

➡ **¿Qué información importante tiene que figurar en la etiqueta de un alimento congelado?**

....

➡ **¿Por qué no hay que tener el frigorífico mucho tiempo abierto?**

....

➡ **¿Qué es lo más importante en una infografía?**

☐ El texto.   ☐ El dibujo.   ☐ El texto y el dibujo a la vez.

Organiza las ideas

Fíjate en las palabras de este texto y dónde se colocan en el gráfico.

En la **cocina** **trabajan** el **chef**, los **cocineros** y los **pinches**.

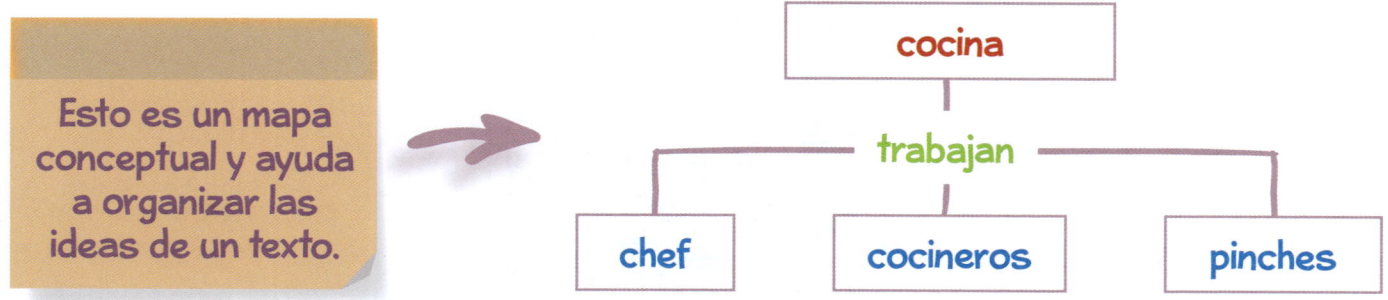

Esto es un mapa conceptual y ayuda a organizar las ideas de un texto.

¡Ahora tú!

➤ Rodea con un círculo rojo el concepto central; con otro azul, los conceptos principales y con otro verde, las palabras de enlace. Por último, coloca cada palabra en su lugar correspondiente.

Para hacer magdalenas se necesitan un bol, una batidora y moldes.

... al revés

➤ Reconstruye el texto del mapa conceptual y escríbelo debajo.

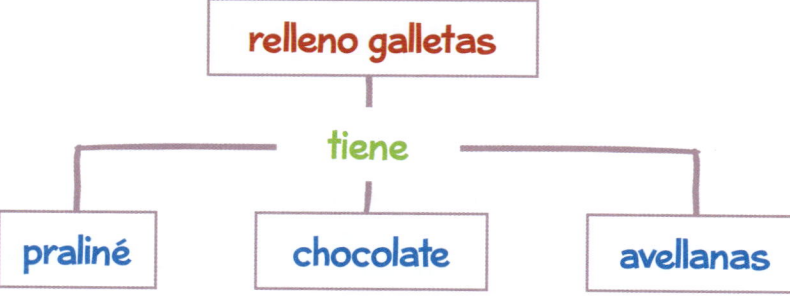

Solo en casa

Presta mucha atención el texto que vas a escuchar. Luego, realiza las actividades.

El texto está en las páginas 17 a 19 del libro

→ **El cumpleaños de Román coincide con...**

a el cumpleaños de su abuelo.
b el Día de los Difuntos.
c el Día del Libro.

→ **¿Qué buscaba Román en las lápidas del cementerio?**

a Hormigas.
b Dedicatorias.
c Nombres raros.

→ **En algunos sepulcros había un marco con...**

a la foto del niño muerto.
b el juguete preferido del niño.
c un número de teléfono.

→ **Pensar una cosa y hacer otra distinta es una...**

a contraventana.
b contradicción.
c contraseña.

→ **¿Qué estaba esperando Román?**

a Una *pizza*.
b Su regalo de cumpleaños.
c Tres libros.

→ **¿Qué le hizo prometer a Román su madre?**

a Que no haría de las suyas.
b Que no saldría de su cuarto.
c Que haría su cama.

→ **Marca con una cruz las tres afirmaciones que son verdaderas.**

☐ Román practica frente al espejo su cara de responsable.
☐ Los padres lo obligaron a ir al cementerio.
☐ Podía llegar a comerse cincuenta galletas.
☐ En el cementerio estaba la tumba de su abuelo.
☐ Fue a la cocina y cogió el libro de recetas.
☐ Se aburría y fue al encuentro de sus padres.

→ **¿Por qué no puede Román trastear con el horno si no hay nadie en casa?**

_____

→ **¿Qué opinas de su necesidad de saltarse las normas? ¿Te parece que actúa correctamente? Explica tu respuesta.**

_____

→ **Y tú, ¿te has saltado alguna vez una norma? ¿Cuál?**

_____

→ **Inventa un nuevo título para el texto que has escuchado.**

_____

23

¡Empezamos!

Lee el capítulo 6 y realiza las actividades.

→ **¿Quién conducía el mortibús?**

a Un esqueleto calvo.
b Escarlatina.
c Una esqueleta con el pelo largo.
d No necesitaba conductor.

→ **¿Qué celebraban los muertos?**

a Una boda.
b La llegada de un niño vivo.
c La vuelta de Escarlatina.
d Nada en especial.

→ **¿Cómo murió Catapún?**

a Sufrió un infarto.
b Ahogado.
c Se atragantó con una oliva.
d Atropellado.

→ **¿Quién era Amanito?**

a El ayudante de cocina.
b El mecánico del mortibús.
c El que mandaba en el Inframundo.
d El cartero del Inframundo.

→ **¿Por qué Escarlatina no pudo ver ese día a su abuelo?**

....

....

→ **Marca con una cruz las dos afirmaciones que son verdaderas.**

☐ El mortibús circulaba despacio y frenaba lentamente.
☐ Se tiraba de una cuerda para avisar de las paradas.
☐ El mortibús era un vehículo nuevo y moderno.
☐ La parte delantera del mortibús era una calavera.

→ **Describe cómo era Escarlatina cuando estaba viva.**

....

....

→ **Señala las cuatro palabras utilizadas en el texto para describir el Inframundo.**

☐ cementerio. ☐ campo. ☐ luminoso. ☐ tinieblas.
☐ sol. ☐ niebla. ☐ agradable. ☐ infinito.

→ **¿Qué es lo que más te ha llamado la atención del Inframundo? Razona tu respuesta.**

....

Juega con las palabras

Busca cada palabra en la página indicada del libro e intenta deducir su significado.

→ **Relaciona cada palabra con su significado.**

1. **propulsión** (página 63)
2. **escacharrado** (página 63)
3. **destartalado** (página 63)
4. **cagueta** (página 63)
5. **bocina** (página 69)
6. **temerario** (página 69)
7. **espumaderas** (página 71)
8. **candelabros** (página 71)
9. **acogedor** (página 71)
10. **fascinado** (página 77)

- Persona falta de valor. Cobarde.
- Efecto de impulsar hacia delante.
- Descompuesto, sin orden.
- Roto, estropeado.
- Excesivamente imprudente y arriesgado.
- Claxon de un vehículo.
- Agradable por su comodidad y ambientación.
- Sorprendido, asombrado por algo.
- Utensilios para colocar velas.
- Paletas con agujeros que se usan para cocinar.

Sopa de letras

Busca las palabras de la libreta en la sopa de letras.

O	T	N	E	I	S	A	E	L	A
R	R	I	B	P	O	R	T	A	L
E	O	U	M	E	L	P	O	S	E
R	M	R	A	B	A	O	P	U	I
T	B	L	O	S	R	N	T	B	P
E	O	V	I	A	J	E	O	O	A
L	N	L	D	E	C	R	A	T	R
R	L	R	E	R	A	F	S	U	A
O	C	A	L	A	V	E	R	A	D
C	O	N	D	U	C	T	O	R	A

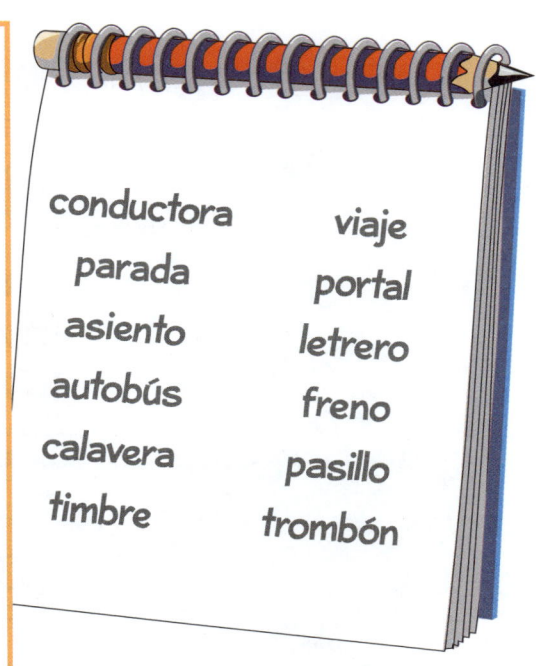

conductora
parada
asiento
autobús
calavera
timbre

viaje
portal
letrero
freno
pasillo
trombón

→ **Escribe la oración que se forma con las letras que faltan.**

A ver si recuerdas

Tacha las diez palabras que no estaban en la nota del ejercicio anterior.

timbre   radio   manzana   caballo   trombón   bicicleta

parada   autobús   tren   vía   conductora   avión   pasillo

viaje   escalera   azúcar   asiento   barco   freno   calavera

Sigue las pistas

Lee las pistas y escribe el nombre de cada etiqueta debajo de su bote.

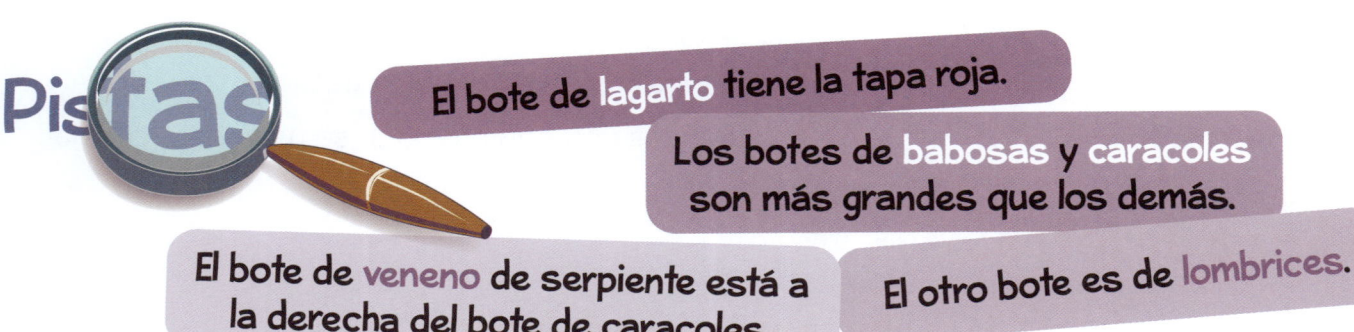

Pistas

El bote de lagarto tiene la tapa roja.

Los botes de babosas y caracoles son más grandes que los demás.

El bote de veneno de serpiente está a la derecha del bote de caracoles.

El otro bote es de lombrices.

1 _____   2 _____   3 _____   4 _____   5 _____

¡Mucha atención!

Observa el recuadro y responde lo más rápido que puedas.

➡ **¿Qué vocal falta?** _____

➡ **¿Qué dos números se repiten tres veces?** _____

➡ **¿Qué letra se repite cuatro veces?** _____

➡ **¿Qué número no se repite?** _____

➡ **¿Qué vocal aparece solo una vez?** _____

¿Cuidas la velocidad?

Prepara la lectura en silencio. Luego, léelo en voz alta.

➡ **Debes leer muy rápido las palabras en negrita y muy despacio, las subrayadas.**

El viaje fue breve. Aquel vehículo **escacharrado** se movía muchísimo más **rápido** de lo que había imaginado a simple vista. ¡Era como si volase! Hizo un par de paradas para **recoger** a Catapún, un señor que acababa de morirse **atropellado,** y a algún difunto más. El viaje al Más Allá se me hizo muy corto. Supe que **habíamos llegado** porque atravesamos un portal de hierro imponente. Había un **letrero** clavado en la tierra que anunciaba en letras grandes: **Inframundo.** Si os digo la verdad, no noté nada especial al pasar de **un mundo a otro.** Pero lo que sí puedo afirmar es que, nada más bajar del **mortibús** y poner un pie en el Más Allá, me quedé alucinado, **flipado**, con la boca abierta.

AUTOEVALUACIÓN

¿Tu **velocidad** es la adecuada para que tu mensaje llegue con claridad a todos los que escuchan?

Valóralo del 1 al 10 ➡ | 1 | 2 | 3 | 4 | 5 | 6 | 7 | 8 | 9 | 10 |

Solo con los ojos

Lee las palabras de cada etiqueta de un solo golpe de vista.

El hogar   de Escarlatina   era una cocina   habilitada bajo tierra.

La cocinera encendió   dos cirios para   iluminar un poco   aquella estancia,

los colocó en   dos candelabros y   me ofreció uno. Con la escasa luz

de las velas pude   ver que había una   despensa muy grande,

repleta de tarritos de   cristal con etiquetas.

➡ **¿Qué colocó Escarlatina en los candelabros?**

_____

Lee las palabras varias veces fijando la vista en el punto.

pipa ● techo	clase ● baño	obeso ● redondo
piloto ● viaje	guitarra ● maracas	gemelo ● humano
letrero ● mundo	cortina ● cuarto	piloto ● perro
boca ● edad	mundo ● piloto	rascador ● parador

➡ **¿Qué palabra se repite tres veces?** _____

¿Cuántas veces se repite la primera palabra de cada serie?

pelo	celo, pelo, feo, lelo, pelo, reló, velo, pito, pelo palo, polo, peca, pego, peso, pisto, peto, pelo peli, pato, pelo pena, pote, tope, lata, pelo cena, remo, pila, pelo pino.	▢
cosa	cosa, fosa, losa, cosa, posa, calla, rosa, cosa, casa, cesa, cosa, coda, coja, cosa, cola, coma, copa, cara, cosa, cota, caza, cose, cosa, coso, cana, cama, cosa, cara, cava.	▢
pinta	cinta, pinta, nata, pana, pinta, pata, risa, pinta, pena, peto, pelo, pinta, peca, piñata, cuenta, pinta, renta, entra, pinta, bata, manta, cinta, pinta, nata, pana, pinta, pata, risa, pinta, pena.	▢
bola	jota, sola, bola, bala, vela, bola, bulo, boda, bola, boga, hoja, bota, boca, bolo, bola, beta, sola, bala, bola, vela, bulo, boda, bola, boga, hoja, bota, bola, boca, bolo, beta.	▢

El itinerario de un autobús

Lee el cartel con el itinerario del mortibús y realiza las actividades.

666 Autobuses Mortibús
Del Más Acá al Más Allá en un cerrar de ojos

- INFRAMUNDO
- Avda. de los MUERTOS
- Camino de los DIFUNTOS
- C/ FÉRETRO
- Plaza CEMENTERIO
- C/ HUESO
- Plaza CENTRAL

- Servicio gratuito.
- Horario todo el día y la noche.
- El Día de Difuntos no hay servicio de Mortibús.

- No grite en el autobús. Algunos pasajeros vienen muy cansados.
- Evite hablar o distraer al conductor.

La parada de la calle Féretro no funciona durante el mes de agosto por obras en la calzada.

➜ **Indica si las siguientes afirmaciones son verdaderas (V) o falsas (F).**

	V	F
1 El mortibús hace 7 paradas durante su recorrido.	☐	☐
2 La calle Hueso está a dos paradas de la plaza Central.	☐	☐
3 El mortibús solo funciona cuatro horas al día.	☐	☐
4 La calle Féretro se encuentra a mitad del recorrido.	☐	☐
5 La parada de la calle Hueso no funciona en agosto.	☐	☐

➜ **¿Cuánto te costarán cuatro viajes a la semana en el mortibús? ¿Por qué?**

....

➜ **¿Qué día del año no funciona el mortibús?**

....

➜ **Si has parado en la plaza Cementerio y la siguiente parada es la calle Féretro. ¿Hacia dónde te diriges?**

☐ Hacia la plaza Central.   ☐ Hacia el Inframundo.

➜ **¿Por qué crees que no conviene distraer al conductor? Explica tu respuesta.**

....

....

LEE EN SILENCIO

Puedes consultar el libro las veces que lo necesites

¡Empezamos!

Lee el **capítulo 7** y responde a las preguntas.

➜ **¿Dónde trabajaban los padres de Escarlatina?**

a En una pastelería.

b En una frutería.

c En un colegio como conserjes.

d En la cocina de un hotel importante.

e En un taller de arte.

➜ **¿Cómo murió Amanito?**

a De un fuerte catarro.

b Se cayó del balcón.

c Envenenado con una seta.

d En un tiroteo.

e De un ataque de risa.

➜ **¿Dónde durmió Román esa noche?**

a En una cama muy antigua.

b En el ataúd de Escarlatina.

c En el suelo.

d En un saco de dormir.

e No durmió.

➜ **¿Qué empleó Escarlatina para cocinar su *ratatouille*?**

a Una lata de conserva.

b Gusanos diferentes.

c Verduras frescas.

d Rata.

e Lechuga y tomate.

➜ **Marca con una cruz las tres afirmaciones que son verdaderas.**

☐ Amanito piensa que los padres de Escarlatina lo envenenaron.

☐ Los padres de Escarlatina eran los dueños del hotel.

☐ Los muertos duermen más que los vivos.

☐ Los platos que preparaba Escarlatina eran asquerosamente repugnantes.

☐ Amanito tenía muchos enemigos.

☐ A Escarlatina le dejan ver a sus padres una vez al mes.

➜ **¿Qué receta te parece más divertida?**

☐ Albóndigas de cerebro de murciélago con jarabe de bilis.

☐ Consomé de ojos bizcos con crías de víbora.

☐ Filete de culo de mono empanado con crocante de cucaracha.

➜ **Inventa un nombre original para otra receta.**

_____

Juega con las palabras

Busca cada palabra en la página indicada del libro. Lee el párrafo en el que está para deducir su significado.

→ **Marca la opción que corresponde a ese significado.**

- **fama** (página 75)
  - ☐ Idioma local.
  - ☐ Condición de ser muy conocido y admirado.
  - ☐ Cordón usado a modo de cinturón.

- **infinito** (página 76)
  - ☐ Que no tiene fin.
  - ☐ Distinto a lo que estamos acostumbrados.
  - ☐ Que tiene un fin cercano.

- **nostalgia** (página 77)
  - ☐ Intenso dolor de cabeza.
  - ☐ Envidia por el éxito de alguien.
  - ☐ Tristeza originada por el recuerdo de algo o alguien.

- **precisión** (página 77)
  - ☐ Acción y efecto de ver con anticipación.
  - ☐ Cautela para evitar daños.
  - ☐ Acierto y destreza.

- **rechoncho** (página 80)
  - ☐ Grueso y de poca altura.
  - ☐ Que forma un círculo perfecto.
  - ☐ Pastel dulce con cabello de ángel.

- **moho** (página 83)
  - ☐ Alteración de alguna sustancia orgánica que se cubre de pequeños hongos.
  - ☐ Vehículo de tres ruedas.
  - ☐ Animal pequeño.

- **mandril** (página 83)
  - ☐ Mono de hasta un metro de longitud.
  - ☐ Color blanco con tono amarillento.
  - ☐ Prenda para proteger la ropa.

- **centrifugado** (página 84)
  - ☐ Supersónico, que avanza a gran velocidad.
  - ☐ Que no se mueve del centro de un objeto.
  - ☐ Acción de escurrir la ropa dándole vueltas rápidas.

→ **Completa las oraciones con algunas de las palabras de la actividad anterior.**

Tiré el bote de mermelada. Estaba cubierta por un _____ verdoso.

El _____ de la lavadora elimina el exceso de agua en la ropa.

Al acordarse de su abuelo, sentía una gran _____.

El restaurante tenía _____ de preparar unas ensaladas muy originales.

→ **Elige una palabra del ejercicio anterior de la que no conocías su significado o te parezca difícil. Escribe una oración con ella.**

Ponle título

Escribe al lado de cada título el número que se corresponde con las oraciones del recuadro.

1. De todas las personas, solo murió Amanito.
2. Preparaba la *ratatouille* con rata cocinada a fuego lento.
3. Los muertos nunca duermen.
4. Amanito mandará a sus esbirros para separarnos.
5. Los padres de Escarlatina conocían a la perfección todos los tipos de setas.

☐ ¡Repugnante!   ☐ Expertos en setas   ☐ El insomnio eterno

☐ El elegido   ☐ La amenaza

Palabra intrusa

Tacha las palabras incorrectas en cada oración.

Ese día las **cocinas** ● **cocina** estaban trabajando a **plenos** ● **pleno** rendimiento. En **el** ● **la** hotel se celebraba un importante **comida** ● **banquete**, con multitud de **personas** ● **niña** que habían venido de **unas** ● **muchos** países distintos. Mamá y **la** ● **un** abuela prepararon **un** ● **varios** menú con tres platos y postre. El entrante **eran** ● **era** un variado de setas salvajes, el **primero** ● **segunda** un pescado al limón y el segundo **pato** ● **oca** rellena. Estaba todo delicioso, los comensales no **dejaban** ● **dejaba** de alabar el trabajo de cocina.

¡Mucha atención!

Escribe cuántas veces se repite cada foto.
Cuenta solo con la vista.

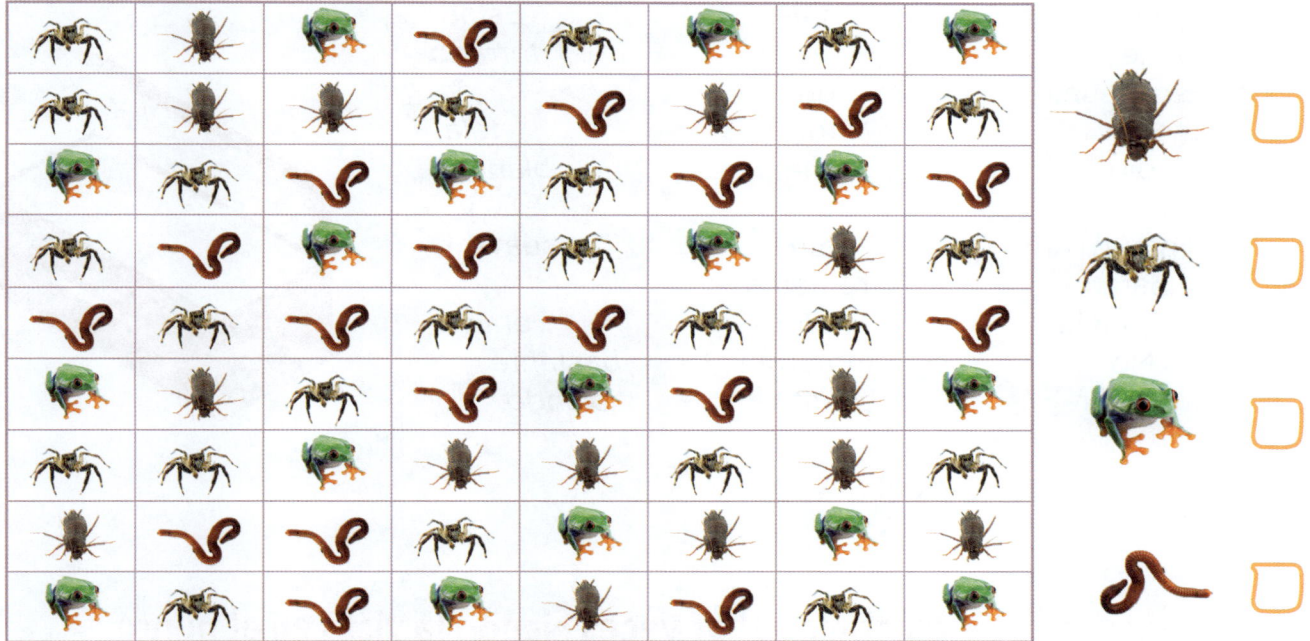

¿Te adelantas al texto?

Lee este texto, reemplazando los números por las palabras de los laterales.

1 lugar	**6** nombre
2 malo	**7** tristeza
3 historia	**8** gente
4 hotel	**9** señor
5 amiga	**10** países

La **(3)** que se escondía detrás de Amanito me ayudó a comprender la **(7)** que envolvía a Escarlatina. Como ya sabéis, mi **(5)** cadáver era hija de unos cocineros de fama mundial. Trabajaban en un importante **(4)** propiedad de ese **(9)** con **(6)** mexicano. Por lo que me contó Escarlatina, se trataba de un **(1)** muy especial en el que se hospedaba **(8)** importante, procedente de diversos **(10)**. Lo único negativo en el día a día del **(4)** era su dueño. Parece ser que era un **(9)** bastante **(2)** al que muchos detestaban y también temían.

AUTOEVALUACIÓN

¿Te **adelantas** al texto antes de pronunciarlo?

Valóralo del **1** al **10**

1 2 3 4 5 6 7 8 9 10

Solo con los ojos

Lee las palabras de cada columna de arriba abajo.

Aquella	camas	*Estaba*
noche	así	*forrado*
Escarlatina	que	*de*
me	no	*tela*
cedió	me	*blanca*
su	quedó	*y*
ataúd	otro	*suave*
para	remedio	*y*
dormir.	que	*era*
No	meterme	*bastante*
tenía	dentro.	*blando.*

➡ **¿Cómo estaba forrado el ataúd?**

_____

Lee cada pareja de palabras varias veces fijando la vista en el punto.

jefe ● tela		hija ● fama		nariz ● rata	
otoño ● color		país ● hotel		bote ● seta	
seta ● viaje		seta ● siglo		uña ● plato	
sombra ● pared		cama ● capa		mono ● burra	

➡ **¿Qué palabra se repite tres veces?** _____

Busca las palabras que no se repiten y escríbelas.

tristeza	pelos	tirano	zona	quesitos	tela
amiga	jefe	prisión	tristeza	dueño	pelos
hotel	zona	tela	otoño	amiga	prisión
otoño	quesitos	jefe	_____	_____	_____

banquete	trabajo	doctor	veneno	pescado	dedos
persona	doctor	rata	banquete	etiqueta	rata
menú	dedos	pescado	trabajo	círculo	feria
pescado	feria	círculo	_____	_____	_____

La carta de un restaurante

Lee con atención la carta del restaurante y realiza las actividades.

El buen comer

Carta

Especialidades

Ensalada Buen Comer	12 €
Montadito de *foie*	4 €
Mejillones al vapor	10 €

Entrantes calientes

Setas de temporada	15 €
Huevos con foie y jamón	14 €

Carnes

Chuletón	25 €
Entrecot	21 €
Costillas	21 €

Pescados

Rodaballo	25 €
Bacalao	21 €
Lubina (para 2 personas)	50 €

Postres

Tarta de manzana	5 €
Tarta de queso	5,5 €
Fruta de temporada	4,5 €

RESERVAS: 051 47 32 252
reservas.buencomer.org — buencomer@gmail.com
Abierto de martes a domingo. Lunes cerrado.

MENÚ DEL DÍA

Ensalada Buen Comer
Arroz de la semana
Gambas a la plancha

****

Entrecot
Dorada
Sardinas a la brasa
Albóndigas con tomate

****

Refresco o agua
Postre o café

25 €

→ **Indica si cada una de estas afirmaciones es verdadera (V) o falsa (F).**

V F

1. Sale más barato comer de menú que a la carta. ☐ ☐
2. De las carnes, el plato más barato son las costillas. ☐ ☐
3. El restaurante cierra el lunes. ☐ ☐
4. El café se cobra aparte en el menú del día. ☐ ☐
5. El entrante más caro es el montadito de *foie*. ☐ ☐

→ **¿Qué platos se sirven en la carta y en el menú?**

_____

→ **¿En qué dirección de correo electrónico puedes hacer una reserva?**

_____

→ **¿Qué pedirías tú: el menú del día o un plato de la carta? ¿Por qué?**

_____

_____

→ **¿Es útil interpretar correctamente la carta de un restaurante?**

_____

_____

JUEGO 6

LEE EN SILENCIO

Puedes consultar el libro las veces que lo necesites

¡Empezamos!

Lee el **capítulo 8**, después, realiza las actividades.

➜ **Su madre dice que Román es un niño...**

a inquieto, pero obediente.

b muy alegre y abierto.

c triste y aburrido.

➜ **¿Quién fue a ver a Román?**

a Sus padres.

b Un tío lejano.

c Su abuelo.

➜ **Con su ropa, el abuelo parecía...**

a un extraterrestre.

b un chaval.

c más mayor.

➜ **¿Qué comió Román?**

a Un trozo de bocadillo de chorizo.

b Media docena de guindillas.

c Dos hamburguesas con queso.

➜ **¿Cómo se llama la conductora del mortibús?**

a Esqueletina.

b Nicotina.

c Conductina.

➜ **¿Qué son los Mediomortis?**

a Fantasmas que viven con los vivos.

b Árboles del Inframundo.

c Insectos.

➜ **Los amanitos llevaban trajes...**

a espaciales.

b de rayas blancas y negras.

c de cuadros rojos y verdes.

➜ **¿Cómo era la boca de los amanitos?**

a No la podían cerrar.

b La llevaban pintada de colores.

c La tenían cosida.

➜ **Numera estas situaciones según el orden en el que suceden.**

☐ Román y su abuelo recuerdan las travesuras que hacían juntos.

☐ El abuelo visita a su nieto Román.

☐ Aparecen los amanitos y se llevan a Román.

☐ Román come alguna cosa que guardó en el plumífero.

➜ **Indica si cada una de estas afirmaciones es una opinión (O) o un hecho (H).**

	O	H
1 Román cree que la cocinera y la araña eran muy simpáticas.	☐	☐
2 El abuelo tenía la cara completamente azul.	☐	☐
3 Para ser un auténtico campeón, el abuelo tiene que ganar la Gran Carrera.	☐	☐
4 ¡Debes de tener un hambre terrible!	☐	☐
5 Antes de salir de casa, Román cogió su plumífero.	☐	☐
6 De pronto, llegaron los amanitos.	☐	☐
7 Román supone que su comportamiento no les gusta a los amanitos.	☐	☐
8 Los amanitos amenazaron a Román con coserle la boca.	☐	☐

Juega con las palabras

Lee el párrafo en el que están las palabras indicadas para deducir su significado.

¡Fíjate en el ejemplo!

➜ Asigna el número de cada palabra a los fragmentos que completan su definición.

1. **década** (página 88)
2. **lustro** (página 88)
3. **chaveta** (página 91)
4. **gloriosa** (página 93)
5. **degustar** (página 94)
6. **chapucero** (página 95)
7. **harapos** (página 96)
8. **palique** (página 96)
9. **badulaque** (página 99)
10. **grima** (página 99)

1	Período de tiempo de		y alabanza.
	Cabeza		o bebidas.
	Probar alimentos		poco estable.
	Desagrado y		humana.
	Conversación de	1	diez años.
	Persona necia,		viejos o sucios.
	Digna de honor		asco.
	Pedazos de tela rotos,		cinco años.
	Período de tiempo de		poco trabajada.
	Hecho de forma tosca y		poca importancia.

En un espejo

El abuelo, con aquella ropa, parecía un chaval. Nunca lo había visto vestido así, tan moderno. Pero su indumentaria no era lo único que había cambiado. Él, que siempre había tenido una saludable panza, ahora era un saco de huesos, estaba tan delgado que parecía que en cualquier momento pudiese romperse en mil trocitos. Tenía la cara completamente azul, los labios del color del vino tinto y sus ojos parecían dos bolas de billar a punto de salir despedidos de aquella cara delgadísima. Tan solo tenía un par de dientes que bailaban la conga en su boca y se movían de adelante para atrás cada vez que hablaba.

Lee este texto y contesta a las preguntas.

1. ¿Qué parecía el abuelo?

_____

2. ¿Estaba gordo o flaco?

_____

3. ¿De qué color tenía la cara?

_____

4. ¿Qué parecían sus ojos?

_____

5. ¿Cuántos dientes tenía en la boca?

_____

A ver si recuerdas

Señala con una cruz las cinco palabras y las cinco frases que aparecen en el texto de la página anterior.

orejas	Con aquella ropa, parecía un chaval.
moderno	Ahora era un saco de huesos.
zapatos	Su pelo era rubio.
delgado	Tenía la cara completamente azul.
sombrero	La piel estaba llena de puntos rojos y verdes.
cara	Sus labios eran del color del vino tinto.
labios	Había crecido un metro por lo menos.
pulgar	Hace que no lo veía dos semanas.
gafas	No sabía hablar, solo empleaba gestos.
dientes	Se movían de adelante para atrás.

Palabras clave

Lee el texto y elige las dos palabras que consideres más importantes para resumirlo.

Entonces me di cuenta de que Amanito era el único difunto gordo. Todos los demás habitantes del Inframundo eran delgadísimos, estaban consumidos. Pero Amanito no. Amanito estaba inflado como una morcilla, una butifarra o un chorizo de cebolla de los que mamá le echa al cocido los domingos de invierno.

➡ **He elegido las palabras...**

_____ : porque _____

_____ : porque _____

Mensaje secreto

Escribe en cada espacio la letra que corresponda según esté a la izquierda o a la derecha del número.

I		D
E	1	N
C	2	U
A	3	T
O	4	M
I	5	G
L	6	R
D	7	V
B	8	P
S	9	Q
Z	10	.

1I 1D   2I 2D 3I 1D 3D 4I   4D 5I   3I 4D 5I 5D 3I

6I 3I   2I 4I 2I 5I 1D 1I 6D 3I   2I 3I 7I 3I 7D 1I 6D

3I 8I 6D 5I 4I   6I 3I   8D 2D 1I 6D 3D 3I   7I 1I

9I 2D   9I 5I 1D 5D 2D 6I 3I 6D   2I 3I 9I 3I

9I 1I 1D 3D 5I   9D 2D 1I   3D 4I 7I 4I   9I 1I

6I 6I 1I 1D 3I 8I 3I   7I 1I   6I 2D 10I 10D

¿Levantas la mirada?

Lee este texto como si fueras un presentador de televisión. Alza los ojos cada vez que encuentres este signo 👁

Estábamos tan a gusto hablando los cuatro, 👁 que cuando llegaron los esbirros de Amanito nos costó reaccionar. 👁 Sabíamos que podía pasar en cualquier momento, 👁 Escarlatina y lady Horreur habían expresado varias veces su temor a que eso sucediese, 👁 pero yo no quería pensar cosas malas. 👁 ¡Y menos ahora que había vuelto a reunirme con el abuelo! 👁 Lo único que quería era estar con él hablando de las cosas de antes. 👁 Dar juntos un paseo por el Inframundo, 👁 parlotear durante horas, 👁 inventar alguna nueva trastada para hacer en el cementerio… 👁 Pero las cosas a veces no salen como nosotros deseamos. De repente todo se tuerce y no hay manera de volver a ponerlo del derecho.

AUTOEVALUACIÓN

Al leer, ¿diriges la **mirada** al auditorio?

Valóralo del 1 al 10 → 1 2 3 4 5 6 7 8 9 10

Solo con los ojos

Lee las palabras de cada etiqueta de un solo golpe de vista.

Los esbirros irrumpieron en la tumba-casa de Escarlatina sin ni siquiera llamar.

Eran cinco. Llevaban trajes de rayas blancas y negras y sombreros en

forma de setas. Sus ojos eran dos círculos negros sin expresión,

y tenían las bocas cosidas con un zurcido bastante chapucero.

→ **¿Cómo iban vestidos los esbirros?**

....

....

Lee cada pareja de palabras fijando la vista en el punto.

vecina	●	receta		casa	●	nieto		paseo	●	coche
década	●	lustro		abrazo	●	cuello		cine	●	nido
celos	●	pelos		receta	●	caracol		plato	●	traje
orejas	●	ovejas		chorizo	●	bocata		hongo	●	receta

→ **¿Qué palabra se repite tres veces?** ....

Escribe debajo de cada conjunto las palabras que se repiten y cuántas veces lo hacen.

manta	menta	monta		calor	calor	cono		mesa	masa	misa
menta	monta	manta		catar	color	catar		masa	mala	musa
monta	manta	menta		color	catar	calor		musa	musa	mesa
manto	mano	monta		catar	calor	color		masa	mesa	masa
manta	menta	manta		cena	color	catar		mesa	masa	musa

....

....

....

Cómo preparar palomitas en el microondas

Lee estas instrucciones y realiza las actividades.

1
Compra una bolsa ya preparada para cocinar las palomitas en el microondas.

2
Coloca la bolsa con el lado hacia arriba que te indican las instrucciones de la bolsa.

3
Pon la opción de calor alta durante 3 minutos. Vigila las palomitas, porque podrían hacerse antes.

4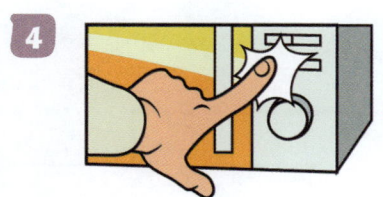
Apaga el microondas cuando escuches que revientan cada 2 segundos. Así evitas que se quemen.

5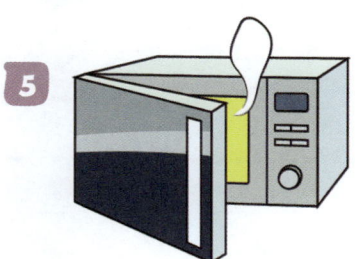
Deja abierta la puerta del microondas durante un minuto para que se enfríen las palomitas.

6
¡Precaución! Abre la bolsa tirando de los extremos hacia fuera con mucho cuidado para no quemarte con el vapor.

Señala si las siguientes afirmaciones son verdaderas (V) o falsas (F).

V F

1 El microondas debe ponerse a la potencia más baja. ☐ ☐
2 La bolsa se coloca de lado. ☐ ☐
3 Hay que prestar atención al sonido de las palomitas. ☐ ☐
4 Si no se apaga a tiempo, las palomitas pueden quemarse. ☐ ☐
5 Una vez hechas, hay que abrir la bolsa con rapidez. ☐ ☐

→ **¿Tienes que vigilar las palomitas?¿Por qué?**

_____

→ **¿Cuándo tienes que apagar el microondas?**

_____

→ **¿Cuándo y cómo se abre la bolsa?**

_____

Organiza las ideas

Lee esta oración:

Para hacer bollitos necesito un bol, una bandeja y unos paños.

→ **Rodea con un círculo rojo el concepto central y con círculos azules los conceptos principales. Subraya las palabras de enlace.**

→ **Completa con estas ideas el mapa conceptual:**

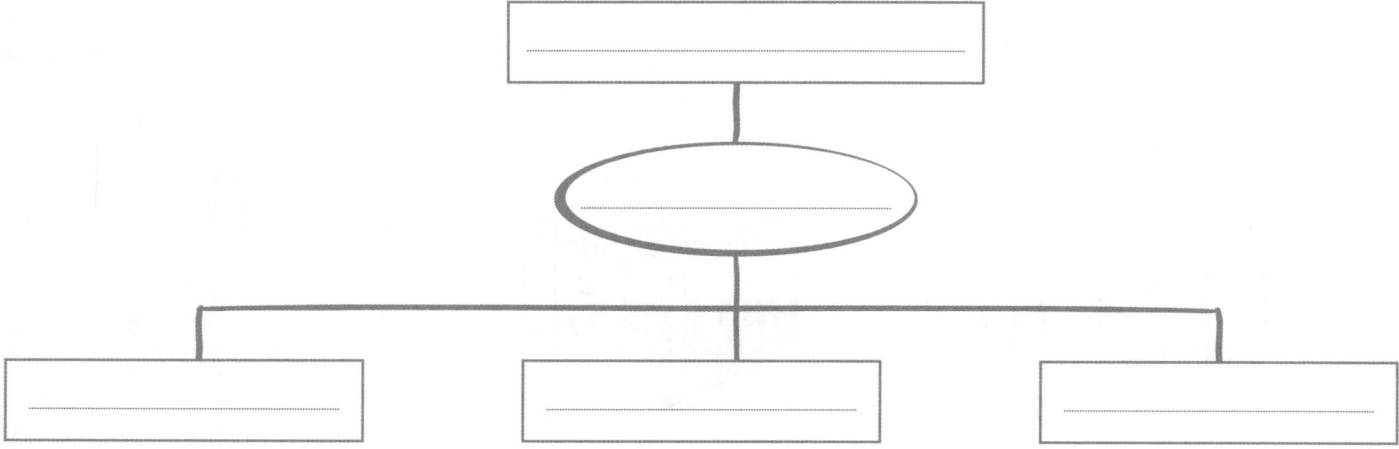

¡Ahora tú!

→ **Lee el mapa conceptual e intenta reconstruir el texto con tus palabras. Explica su contenido al resto de la clase.**

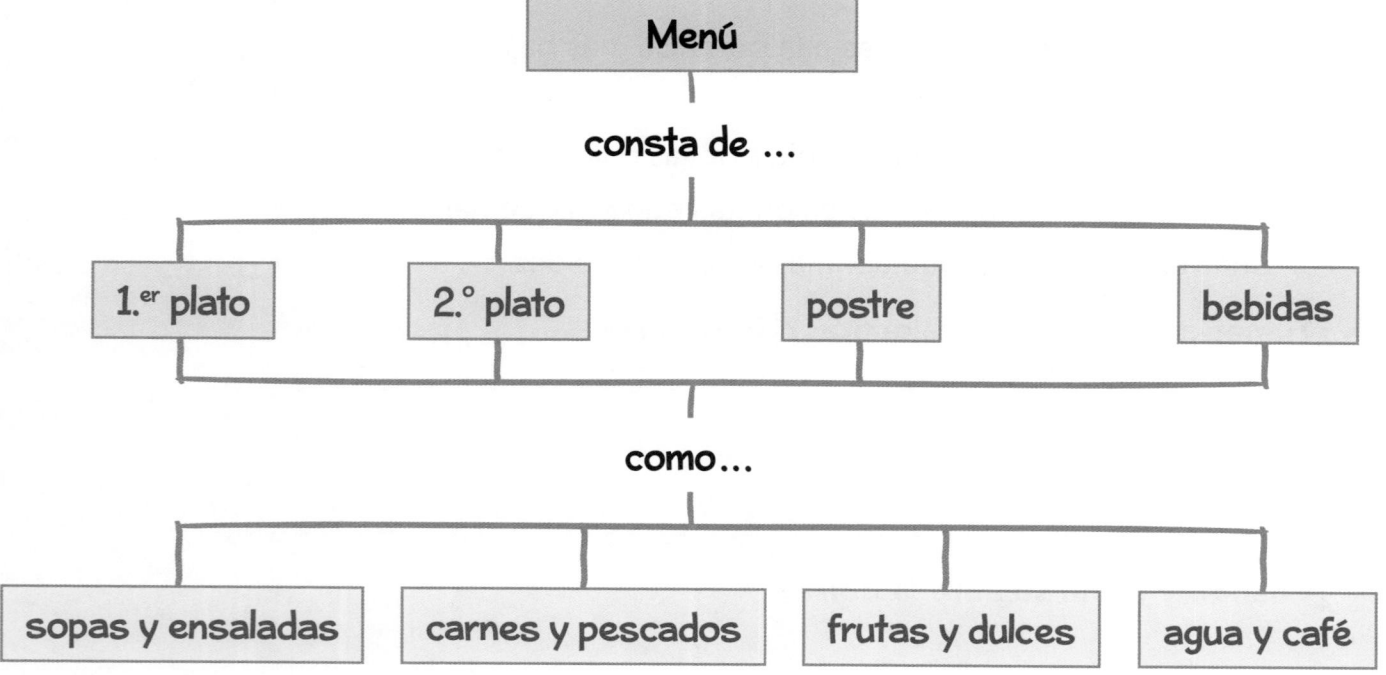

Un plato para todos los gustos

Presta mucha atención el texto que vas a escuchar.
Luego, realiza las actividades.

El texto está
en las páginas
53 a 55 del libro

➔ **¿En qué siglo murió Escarlatina?**

a XVIII.

b XIX.

c XX.

➔ **Los padres de Escarlatina eran...**

a carniceros.

b unos chefs muy famosos.

c expertos en decoración.

➔ **¿A qué jugaba Escarlatina?**

a A la comba.

b No jugaba a nada.

c Al baloncesto.

➔ **En el Inframundo, Escarlatina es...**

a conductora.

b cocinera oficial.

c guardia de seguridad.

➔ **¿Qué comen en el Más Allá?**

a Deliciosos manjares.

b Pan con aceite.

c Cosas asquerosas.

➔ **Los padres compraron el curso....**

a en una web.

b por teléfono.

c a un vecino.

➔ **Marca con una cruz las tres afirmaciones que son verdaderas.**

☐ Escarlatina murió al cumplir 35 años.

☐ Román y Escarlatina deben cocinar un plato que guste a vivos y a muertos.

☐ A los muertos les gusta la misma comida que a los vivos.

☐ En la época en que nació Escarlatina, se morían muchos niños.

☐ Pensar en esqueletos y calaveras le ponía muy contento.

☐ Si no consiguen cocinar el plato especial, tendrán que pagar un precio.

➔ **¿Qué debe Román hacer para que Escarlatina vuelva a la vida?**

_____

_____

➔ **¿Qué opinas de que Escarlatina, siendo una niña, no pueda jugar?**

_____

_____

➔ **¿Aceptarías la invitación para ir al mundo de los muertos? ¿Por qué?**

_____

_____

JUEGO 7

LEE EN SILENCIO

Puedes consultar el libro las veces que lo necesites

¡Empezamos!

Lee el capítulo 9 y, después, realiza las actividades.

➜ **¿Dónde vivía Amanito?**

a En la vieja casa del enterrador.

b En un mausoleo tétrico y frío.

c Fuera del Inframundo.

➜ **Amanito iba vestido con…**

a una sábana rota y sucia.

b un traje negro.

c una túnica azul con ribetes dorados.

➜ **¿En qué se diferenciaba Amanito del resto de los muertos?**

a Tenía todos los dientes.

b Era el único gordo.

c Tenía poderes para volver a la vida.

➜ **Román elige los mejillones para cocinar un plato que…**

a guste a los vivos y a los muertos.

b guste solo a los vivos.

c guste solo a los muertos.

➜ **Román soñó que cocinaba …**

a un postre de fruta.

b magdalenas con fresa.

c piruletas de chocolate.

➜ **El abuelo ha retado a Amanito a competir en…**

a salto de altura.

b la Gran Carrera.

c una partida de ajedrez.

➜ **¿Qué le pasará al abuelo si pierde frente a Amanito?**

a Tendrá que unirse a los esbirros.

b Podrá repetir la competición.

c Se irá del Inframundo.

➜ **¿Quién quiere ir de copiloto con el abuelo?**

a Escarlatina.

b La araña francesa.

c Román.

➜ **Señala las afirmaciones sobre Amanito que son verdaderas.**

1 Era muy alto. Medía casi dos metros. ☐

2 Tenía la cara color verde manzana. ☐

3 Su piel estaba poblada de hongos y setas. ☐

4 Soltaba espumarajos por la boca. ☐

5 No tenía sombra. ☐

➜ **¿Qué tres platos no le gustaban a Román?**

☐ Bacalao ☐ Pulpo ☐ Ostras ☐ Brócoli ☐ Mejillones ☐ Centollos

➜ **¿Qué era en realidad la empanada de pelos con crías de babosas?**

☐ Tartaleta de carne e hígado. ☐ Empanadillas de berberechos.

☐ Empanada de mejillones. ☐ Empanada de corteza de cerdo.

Juega con las palabras

Busca cada palabra en la página indicada del libro. Lee el párrafo en el que está para deducir su significado.

➡ **Escribe el número de cada palabra junto a su significado.**

1. **deforme** (página 103)
2. **chepa** (página 103)
3. **papada** (página 104)
4. **parsimonia** (página 104)
5. **espumarajos** (página 106)
6. **parloteo** (página 107)
7. **cháchara** (página 109)
8. **papanatas** (página 111)
9. **pigmeos** (página 113)
10. **rapapolvos** (página 117)

☐ Saliva espumosa arrojada por la boca.

☐ Lentitud en el modo de hablar o de obrar.

☐ Abundancia de palabras inútiles.

☐ Persona simple y fácil de engañar.

☐ Amonestaciones desagradables.

☐ Abultamiento que se forma debajo de la barba.

☐ Desproporcionado en la forma.

☐ Personas caracterizadas por su baja estatura.

☐ Curvatura en la espalda o joroba.

☐ Charla sin sustancia.

➡ **Señala las dos oraciones en las que la palabra resaltada se utiliza correctamente.**

☐ He llevado el coche al taller de **chepa,** porque está muy abollado.

☐ Actuaba con **parsimonia**. Se pensaba las cosas dos veces antes de hacerlas.

☐ Esta tribu de **pigmeos** vive en el continente africano.

☐ En la piscina **parloteo** casi unos tres minutos sin respirar.

➡ **Elige dos palabras del ejercicio anterior de las que no conocías su significado o te parezca difícil. Escribe una oración con cada una.**

Palabra: ....

Oración: ....

....

Palabra: ....

Oración: ....

....

 ¡Sigue las pistas!

Lee las pistas para averiguar quién es Amanito.

 Pistas

Lleva una túnica de color azul.

Tiene la piel llena de hongos y setas.

No lleva turbante.

Está muy gordo.

Su cara es de color violeta.

➜ Amanito es el que lleva la letra: _____

¿Qué falta?

Completa esta tabla con los nombres y los verbos que faltan.

Nombres	Verbos
paso	
	empujar
color	
	asustar
nombre	

Nombres	Verbos
	reír
cocina	
	pescar
alimento	
	saludar

➜ Forma tres oraciones con algunas de las palabras

 1 ....

2 ....

3 ....

¡Atención a la foto!

Rodea el cuadro en el que hay una seta que no se repite.

¿Cómo es tu entonación?

Lee en voz alta las siguientes oraciones, cada vez con una de las cinco entonaciones del recuadro.

Interrogación • exclamación • enfado • grito • pena

Era como estar viendo una peli de terror.
Lo que pasa es que eres un cobarde.
Solo de pensarlo se me revuelven las tripas.
El plan consistía en cambiarles el nombre.
Por más que gritaba, no había respuesta.
Tendré que zurcirme la boca y unirme a los esbirros.

AUTOEVALUACIÓN

¿Utilizas la **entonación** adecuada?

Valóralo del 1 al 10

| 1 | 2 | 3 | 4 | 5 | 6 | 7 | 8 | 9 | 10 |

Solo con los ojos

Lee las palabras de cada etiqueta de un solo golpe de vista.

Me metieron dentro	de una tumba donde	hacía mucho frío	y casi sin luz.

¡Menos mal que tenía mi plumífero! · Así podría ponérmelo · por encima y usarlo

como si · fuese una manta. · Además, siempre · llevaba guardada una

pequeña linterna · dentro de uno de · mis bolsillos secretos.

➡ **¿Qué usó Román como si fuese una manta?**

Lee varias veces cada pareja de palabras fijando la vista en el punto.

polvo ● sueño		postre ● nuez		manga ● jersey	
ropa ● túnica		dieta ● sopa		cabeza ● mano	
cara ● risa		pescado ● sueño		mata ● pelo	
linterna ● rescate		manta ● lombriz		sueño ● genio	

➡ **¿Qué palabra se repite tres veces?** _____

¿Cuántas veces está repetida la primera palabra de cada serie?

ropa	copa, ropa, mopa, popa, ropa, roca, roba, ropa, roma, roza, ropa, rizo, ropa, copa, ropa, mapa, ropa, popa, roca, ropa.	⬭
tono	cono, cano, tono, todo, toga, tono, topo, tono, toro, cuna, tono, cena, tomo, tono, todo, tono, toga, tono, topo, toro.	⬭
risa	risa, prisa, rosa, risa, rica, rifa, risa, brisa, lisa, rica, risa, misa, sisa, risa, rasa, risa, rosa, risa, rica, rifa, risa.	⬭
boca	coca, boca, poca, boca, roca, baca, boca, boda, boca, bola, foca, boca, loca, poca, roca, boca, baca, boda, boca, bola.	⬭

La etiqueta de una lata de conserva

Lee con atención la información de esta conserva y responde a las preguntas.

7. Información del fabricante: nombre o razón social, lugar de envasado.

1. Nombre del producto

4. Fecha de consumo preferente hasta la cual el alimento conserva sus propiedades. **Fecha de caducidad** hasta la cual se puede consumir sin riesgo para la salud.

2. Lista de ingredientes: ordenados de mayor a menor en función de su cantidad. Se indica también si incluye ingredientes que pueden causar alguna intolerancia.

3. Peso neto (total) del producto. Si la lata incluye algún líquido, debe indicar el peso escurrido.

5. Condiciones especiales de conservación: cómo conservarlo o utilizarlo una vez abierto.

6. Información nutricional: el valor energético y la cantidad de proteínas, grasas, hidratos de carbono, azúcar, sal…

MAJOA

MEJILLONES DE LAS RÍAS GALLEGAS

Envasado por Majoa, S.A. (Pontevedra)

Ingredientes: Mejillones, AOVE, sal. Puede contener trazas de crustáceo. Conservar en lugar fresco y seco. Una vez abierto se recomienda consumir en su totalidad. Información nutricional: Grasas 11 g. Hidratos de carbono 1,3 g. Proteínas 20 g.

6/8 piezas

Fecha de caducidad: 18.2026
Peso neto: 266 g
Peso escurrido: 160 g

➡ Indica si cada una de estas afirmaciones es verdadera (V) o falsa (F).

		V	F
1	La lista de ingredientes lleva un orden.	☐	☐
2	La cantidad de proteínas está en la información nutricional.	☐	☐
3	La información de la empresa nunca aparece.	☐	☐
4	El peso neto es el mismo que el escurrido.	☐	☐
5	Después de la fecha de caducidad no se puede comer.	☐	☐

➡ Observa la etiqueta y completa la información.

Fecha de caducidad: .... Lugar de envasado: ....

➡ Explica el significado de fecha de consumo preferente.

....

....

➡ ¿Qué información de la etiqueta te parece más importante?

....

➡ ¿Qué utilidad tiene leer correctamente una etiqueta?

....

JUEGO 8

LEE EN SILENCIO

Puedes consultar el libro las veces que lo necesites

¡Empezamos!

Lee el **capítulo 10** y, después, realiza las actividades..

→ **El coche del abuelo era…**

a una lancha motora.

b un caza F85 de la Segunda Guerra Mundial.

c un planeador con motor.

d una moto enorme con sidecar.

→ **Los postres de Román…**

a llevan todos chocolate.

b están decorado con guindas.

c tienen forma de corazón.

d se cocinan con galletas.

→ **Escarlatina le dio a Román…**

a un colgante con un ataúd.

b un anillo con forma de araña.

c su libro de recetas.

d uno de sus dos ojos.

→ **¿Qué hizo el abuelo cuando se atascó su coche?**

a Bajarse a empujar.

b Echar marcha atrás.

c Tocar un silbato.

d Ponerse a cantar.

→ **Numera del 1 al 4 estas situaciones según el orden en el que suceden.**

☐ Antes de empezar la carrera, Escarlatina le da un amuleto a Román.

☐ El abuelo enseña su bólido a Román.

☐ El coche del abuelo se atasca en el barro.

☐ Amanito lanza bombas y niebla al coche del abuelo de Román.

→ **Indica si cada una de estas afirmaciones es una opinión (O) o un hecho (H):**

O H

1 Nicotina busca los ingredientes de la receta en el Más Acá. ☐ ☐

2 Escarlatina piensa que todos los grandes chefs tienen un libro de recetas. ☐ ☐

3 Román cree que van a ganar la carrera. ☐ ☐

4 Escarlatina asegura que el amuleto dará suerte a Román. ☐ ☐

5 A los dos lados de la carretera se divisaba un gran precipicio. ☐ ☐

6 El abuelo sacó debajo de su asiento dos cascos con gafas. ☐ ☐

7 Román piensa que la salida es lo más peligroso en una carrera de coches. ☐ ☐

8 El F85 es un caza de guerra. ☐ ☐

→ **Valora las trampas que han hecho Amanito y sus esbirros en la carrera. ¿Qué opinas de su comportamiento?**

_____

_____

Juega con las palabras

Ordena las sílabas para formar palabras y búscalas en la página indicada del libro para deducir su significado.

→ **Escribe cada palabra al lado de su definición.**

| pa Em da na Pág. 121 | ra je Ga Pág. 121 | Bó do li Pág. 121 | to Pi lo Pág. 122 |
| ja Co lle Pág. 126 | le mu to A Pág. 149 | co Pi Pág. 149 | ci que Ca Pág. 156 |

- .... Parte en punta en las cabezas de las aves.
- .... Persona que dirige un vehículo.
- .... Objeto que se lleva para generar el bien.
- .... Automóvil que alcanza gran velocidad.
- .... Persona que ejerce sobre los demás un poder abusivo.
- .... Golpe que se da en la nuca con la palma de la mano.
- .... Local destinado a guardar automóviles.
- .... Masa de pan rellena de carne, pescado, verdura…

Texto partido

Lee este texto que se ha cortado. Después, contesta a las preguntas.

La salida es lo más peligroso en una carrera de coches. El abuelo pulsó un botón azul y el F85 salió disparado como un cohete. Los amanitos tenían medio cuerpo fuera de las ventanillas del Hummer y lanzaban bombas setas explosivas contra nosotros. Y de los cuatro tubos de escape del Hummer empezó a salir una niebla densa que nos impedía percibir el trazado de la carretera. Nos vimos obligados a disminuir la velocidad. Entonces el abuelo le dio a un botón negro que ponía en letras blancas: Modo vuelo, y el F85 se levantó varios metros del suelo. Al volver al suelo el F85 se quedó atascado en el barro del camino. Estábamos perdidos. En lugar de buscar una solución, el abuelo se puso a tocar un silbato.

→ **¿Qué es lo más peligroso en una carrera?** ....

→ **¿Qué lanzaban los amanitos?** ....

→ **¿Qué ponía en el botón negro?** ....

→ **¿Dónde se atascó el F85?** ....

 **A ver si recuerdas**

Recuerda el texto de la actividad anterior. Fíjate bien en los dibujos y ordénalos según aparecen en él.

 **Un recorrido**

Dibuja en el mapa el recorrido que se indica.

Colócate en el punto de salida y avanza los cuadros que se indican:

Indicaciones
2 cuadros hacia el este.
3 cuadros hacia el norte.
1 cuadros hacia el oeste.
5 cuadros hacia el norte.
4 cuadros hacia el este.
2 cuadros hacia el sur.
3 cuadros hacia el este.
5 cuadros hacia el norte.
3 cuadros hacia el este.
2 cuadros hacia el norte.

➜ **¿A quién has encontrado? Rodéalo.**

🔶 ¡Atención a las fotos!

Fíjate en el primer cuadro.

➡ **Escribe el número del objeto que falta en los siguientes recuadros.**

🟣 ¿Cómo lees?

Lee este texto subiendo o bajando la entonación en la dirección que indique cada flecha.

El abuelo no quería atravesar la meta volando,↑ así que desactivó las alas y continuamos la competición en modo coche.↓ Y eso fue un grave error.↓ Subestimamos el poder de Amanito.↓ Le llevábamos ventaja,↑ no mucha,↑ pero sí la suficiente para vernos campeones. ↓ ↑¡La meta estaba a muy pocos metros!↑ Pero en una curva muy cerrada,↑ la última,↑ el abuelo tuvo que disminuir la velocidad,↑ o de lo contrario corríamos el riesgo de acabar directamente en el estómago del Abismo del Quemado. ↓ Amanito aprovechó para poner su Hummer a dos ruedas,↑ y salió a todo gas. ↓ Nos ganó terreno y logró alcanzarnos.↓

AUTOEVALUACIÓN

¿Haces las **pausas** correctamente y con naturalidad?

Valóralo del 1 al 10

Solo con los ojos

Lee el texto intentando abarcar cada línea en un solo golpe de vista.

El
abuelo
sacó del
bolsillo de su
pantalón de pana
su silbato, lo metió
en la boca y empezó
a pitar. Aquel sonido agudo
se me metió por las orejas
para adentro. Tuve que
tapármelas con
las palmas de
las manos.

¿Qué sacó el abuelo del bolsillo?

....

Lee varias veces cada pareja de palabras fijando la vista en el punto.

calle	●	barrio		curva	●	hucha		aceite	●	bomba
caza	●	listo		motor	●	cascos		hongo	●	seta
huevo	●	cabina		avión	●	libro		abismo	●	asiento
cascos	●	gafas		salida	●	meta		botón	●	cascos

➡ **¿Qué palabra se repite tres veces?** ....

Indica cuántas palabras contienen la sílaba de la izquierda.

ble	convertible, dóberman, invencible, subestimar, cabeza, imposible, bestia, saber, problema, terrible, garbeo, berberecho, inevitable, nube, deber, increíble, hable, beso.	⬭
bri	subir, brillar, bien, habilitada, lombriz, percibir, habitual, fabricante, recubrir, también, abierto, abrir, cambiar, hambriento, esbirro, bilis, bizco, bigote, equilibrio.	⬭
bre	nombre, saber, pobre, hambre, deber, sombrero, caber, sobre, lóbrega, decibelios, bombero, beso, cabeza, cerebelo, libre, obeso, sobrevolar, cabeza.	⬭
pri	privilegio, vampiro, primero, pies, prisionero, inspirar, principio, principal, pinta, pringarse, escupir, recipiente, prisa, propia, prisión, piruleta, reprimenda, propietario.	⬭

¡Gran carrera de coches!

Lee con atención el cartel de la carrera y responde a las preguntas.

EL ABUELO CONTRA AMANITO
Su primera competición

SÁBADO 15

ABIERTO A TODOS LOS PÚBLICOS

AMANITO

Al volante de un Hummer muy potente.
Un vehículo con excelente agarre en las curvas.
No al juego limpio y sí a tirar bombas.
Acompañado de sus esbirros.

Es una competición sin reglas.
Comienza a las 11 de la mañana.
Termina cuando uno de los dos llegue a la meta.
En caso de empate, los dos vuelven a la salida.

EL ABUELO

A bordo del F85.
¡Su bólido puede volar!
Ganador de todas las carreras.
Acompañado de su nieto.

➜ **Indica si cada una de estas afirmaciones es verdadera (V) o falsa (F):**

		V	F
1	Amanito va solo en el coche.	☐	☐
2	El abuelo va con su nieto.	☐	☐
3	Solo pueden ver la carrera los que tienen más de 21 años.	☐	☐
4	La carrera empieza a las 10.	☐	☐
5	Es la segunda vez que compiten entre ellos.	☐	☐

➜ **¿Qué ocurre si los dos llegan a la vez y empatan?**

➜ **Relaciona con flechas cada coche con su característica.**

● Puede volar.

HUMMER ●

● Se agarra en las curvas.

F85 ●

● Ha ganado siempre.

● Es muy potente.

➜ **¿Qué datos del cartel son fundamentales para llegar a ver la carrera?**

JUEGO 9

LEE EN SILENCIO

Puedes consultar el libro las veces que lo necesites

¡Empezamos!

Lee los **capítulos 11, 12** y el **epílogo.** Después, realiza las actividades.

	V	**F**
1 Un dinosaurio se acercó volando para ayudar al abuelo.	☐	☐
2 Amanito y el abuelo tenían que llegar a la vez a la meta.	☐	☐
3 El pterodáctilo se llamaba Sauro.	☐	☐
4 El dinosaurio volador se puso encima del coche de Amanito.	☐	☐
5 Ninguna de las bombas que lanzaban le dio a Sauro.	☐	☐
6 El dinosaurio agarró el coche de Amanito y lo elevó en el aire.	☐	☐
7 Sauro no pudo lanzar el coche de Amanito al precipicio.	☐	☐
8 Román le devolvió a Escarlatina el ojo que le había dado.	☐	☐
9 De los nervios, a Escarlatina le salieron todos los dientes.	☐	☐
10 Román acarició a Sauro y el animal cambió de color.	☐	☐

➡ **¿Cómo esperaban los difuntos el plato de Román?**

_____

➡ **¿Cómo iban vestidos los dos Mediomortis?**

_____

➡ **¿Qué le dio el abuelo a Román como recuerdo?**

_____

➡ **¿Qué les pidió Escarlatina a las encargadas de cumplir las profecías?**

_____

➡ **¿Cómo se fue Román del Inframundo?**

_____

➡ **¿Qué función tiene el epílogo en una historia? Señala la respuesta correcta.**

☐ Se emplea para presentar la historia y aumentar el interés del lector.

☐ Sirve para contar hechos que ocurren una vez acabada la historia.

Juega con las palabras

Busca cada palabra en la página indicada del libro. Lee el párrafo en el que está para deducir su significado.

→ **Escribe al lado de cada palabra el número de la frase que la explica.**

1 **deshecho** (página 144) ☐ Esqueleto del ser humano y de los animales.

2 **jirones** (página 144) ☐ Que hace ruido cuando se rompe.

3 **osamenta** (página 144) ☐ Que cambia a otro estado o forma.

4 **cachetes** (página 146) ☐ Descompuesto, roto.

5 **garbeo** (página 150) ☐ Pena impuesta por algún hecho delictivo.

6 **mutante** (página 153) ☐ Paseo sin plan prefijado.

7 **condena** (página 154) ☐ Predicciones sobrenaturales del futuro.

8 **crujiente** (página 160) ☐ Golpes ligeros con la palma de la mano.

9 **apocado** (página 161) ☐ De poco ánimo o espíritu.

10 **profecías** (página 164) ☐ Pedazos desgarrados de algo.

→ **Señala las dos oraciones en las que la palabra resaltada se utiliza correctamente.**

☐ Até la bicicleta a una farola con una **condena** y un candado.

☐ Los domingos me gusta dar un **garbeo** por las calles.

☐ Tenía varios **jirones** en casa, cada uno en una jaula.

☐ Le di a mi gato unos cariñosos **cachetes** en el lomo.

→ **Elige dos palabras del ejercicio anterior de las que no conocías su significado o te parezca difícil. Escribe una oración con cada una.**

_____

_____

_____

_____

En clave

Lee el texto y elige las dos palabras que consideres
más importantes para resumirlo.

De repente, el pterodáctilo abrió sus garras y soltó el Hummer, con
Amanito y los setáceos directos al Abismo del Quemado, donde
se perdieron acompañados de los gritos de Amanito suplicando
compasión. Los setáceos, con sus bocas zurcidas, no podían decir
nada. Eran simples títeres.

● ....   ● ....

➡ Escribe un resumen del texto sin leerlo de nuevo y utilizando las dos
palabras clave.

....

....

....

....

Al completo

Completa el texto escribiendo los números de las frases en los
lugares adecuados.

¡Fíjate en el ejemplo!

1 la misión con éxito
2 desconfianza y darle las
3 me daba aquella
4 con el paquete y
5 los ingredientes a la
6 tendría consecuencias
7 en lugar de
8 espera se hizo

Esperamos a que Nicotina nos trajese [5]
cocina de Escarlatina. Y no puedo negar
que la ☐ interminable. Yo tenía dudas
de que cumpliese ☐. ¿Y si ☐ mejillones
traía berberechos? O almejas, zamburiñas,
vieiras... ¡Cualquier error ☐ fatales! Sin
embargo, cuando la mortibusera apareció
☐ comprobé que todo estaba correcto, tuve
que tragarme mi ☐ gracias de corazón. ¡Y
eso a pesar del miedo que ☐ esqueleta!

 ¿Cuántas veces?

Cuenta las palabras en las que aparecen los grupos de letras indicados.

campeón   bomba   tiempo   también   nombre
empezar   IMPORTAR   SIEMPRE   saludable   invencible   tumba   niebla
terrible   doble   hombre   imposible   hablar
probable   campeonato   problema   compasión   BLANCO

MP: ....   MB: ....   BLA: ....   BLE: ....

¡Os toca!

Preparad este texto para leerlo en voz alta en grupos de tres.

> ¡Recordad las habilidades que habéis trabajado!

ROMÁN	Gracias por todo, Sauro. Ha sido un placer volar sobre tu lomo.
SAURO	Debo regresar cuanto antes a mi cementerio o acabaré completamente deshecho.
ROMÁN	Abuelo: ¿Cómo os conocisteis Sauro y tú?
ABUELO	En la frontera con el siguiente sector del Inframundo hay un cementerio de dinosaurios. Nos hicimos amigos nada más llegar yo al mundo de los muertos.
SAURO	Tu abuelo, a los dos días de llegar al Inframundo, decidió que no quería estar muerto y se echó a andar buscando la salida.
ABUELO	Caminé y caminé hasta que llegué al cementerio de los dinosaurios. Allí encontré a Sauro. Nos llevamos muy bien.
SAURO	Lástima que mi tiempo sea siempre limitado. No puedo estar muchas horas lejos del cementerio. Ya ves, ¡me deshago!
ROMÁN	Será mejor que te marches, no quiero que desaparezcas de este mundo para siempre, como Amanito.
SAURO	¡Hasta siempre, amigo Román, nieto de tu abuelo!
ROMÁN	¡Hasta siempre, amigo Sauro!
ABUELO	¡Adiós, Sauro! ¡Pronto iré a verte!

Solo con los ojos

Lee las palabras de cada recuadro de un solo golpe de vista.

Escarlatina me dio   uno de sus besos helados   en la mejilla y   os juro que vi

cómo se ponía colorada.   Luego empezó a   caminar detrás de   las encargadas de que

se cumplan las profecías,   hasta desaparecer en la espesura de   la noche difunta.

Me sentí algo vacío por dentro.   Como si me robasen   una parte de mi interior.

➡ **¿Detrás de quiénes caminó Escarlatina?**

_____

Lee cada pareja de palabras fijando la vista en el punto.

cosa ● cara	calma ● bestia	nervios ● línea
boca ● lomo	garra ● tuerta	héroe ● amigo
fuerza ● héroe	abuelo ● campeón	vista ● tumba
suerte ● metro	héroe ● enfado	vuelo ● misión

➡ **¿Qué palabra se repite tres veces?** _____

Busca en la columna las respuestas.

abuelo	500	amasar	452	
silbato	846	harina	901	
carrera	468	cocina	940	
difunto	354	vecino	541	
sorpresa	148	jardín	653	
nieto	795	cocido	552	
suelo	237	mérito	573	
cresta	636	país	285	
libro	704	mesa	963	
bicho	406	bandeja	737	
meta	146	feliz	605	
boca	753	camisón	645	
esbirro	364	traje	559	
hueso	655	salsa	484	
colega	216	pedazo	814	
bestia	768	vivo	101	
cacique	831	ingenio	555	
hombre	951	abrazo	624	

a) Escribe las palabras que se corresponden con estos números:

406: _____

768: _____

146: _____

552: _____

b) Escribe los números que se corresponden con estas palabras:

carrera: _____

boca: _____

suelo: _____

nieto: _____

Consejos prácticos en la mesa

Lee con atención estos textos y realiza las actividades.

¿Cómo poner la mesa?

Para **poner la mesa,** lo primero que debes hacer es elegir el mantel, las servilletas, los platos, los cubiertos y los vasos.

1. Pon el mantel en la mesa.
2. Coloca los platos en el centro de cada puesto, alineados con la orilla de la mesa.
3. Sitúa los cubiertos a ambos lados del plato:
   - a la izquierda, el tenedor con las púas hacia arriba.
   - a la derecha, el cuchillo con la hoja hacia el plato y la cuchara de postre alineada con él.
4. Sitúa los vasos detrás del plato.
5. Dobla las servilletas y colócalas a la izquierda de los platos.

¿Cómo comportarse en la mesa?

En la mesa es importante **comportarse con educación y respeto** hacia los demás.
- Nunca hagas ruido al masticar o beber.
- Procura empezar a comer a la vez que los demás.
- Mantén siempre las manos sobre la mesa.
- Si una comida está muy caliente, no soples. Espera a que se enfríe un poco.
- Nunca estornudes, tosas o te suenes encima de la mesa (y nunca con la servilleta). Vuelve la cabeza a un lado y tápate con el brazo.
- No te levantes de la mesa hasta que lo hagan los demás.
- No demuestres nerviosismo o aburrimiento jugando con la comida o con un objeto de la mesa.

➡ **Indica si cada una de estas afirmaciones es verdadera (V) o falsa (F):**

		V	F
1	No importa hacer ruido al beber.	☐	☐
2	Si la sopa quema, hay que soplar.	☐	☐
3	Conviene esperar a los demás para levantarse de la mesa.	☐	☐
4	Nunca se utiliza la servilleta para sonarse la nariz.	☐	☐
5	El vaso de agua se coloca sobre el plato.	☐	☐

➡ **Numera del 1 al 5 el orden de colocación de cada objeto según el texto.**

☐ platos   ☐ mantel   ☐ vasos   ☐ cubiertos   ☐ servilletas

➡ **¿Qué demuestras si juegas con la comida o con los cubiertos?**

....

➡ **¿Qué puedes hacer si tienes ganas de estornudar?**

....

➡ **¿Qué información te ha resultado de mayor utilidad?**

....

....

Organiza las ideas

Lee el texto del recuadro.

> Dependiendo de lo que comen, los animales se agrupan en hervíboros, si su base alimenticia está compuesta por vegetales; carnívoros, si se alimentan de carne; insectívoros, si se alimentan de insectos; y omnívoros, si se alimentan de animales y vegetales.

➡ **Identifica en el texto:**

- El concepto o la idea central: _____
- Los conceptos o ideas principales: _____
- Otros conceptos: _____
- Las palabras de enlace: _____

➡ **Ahora, completa el mapa conceptual:**

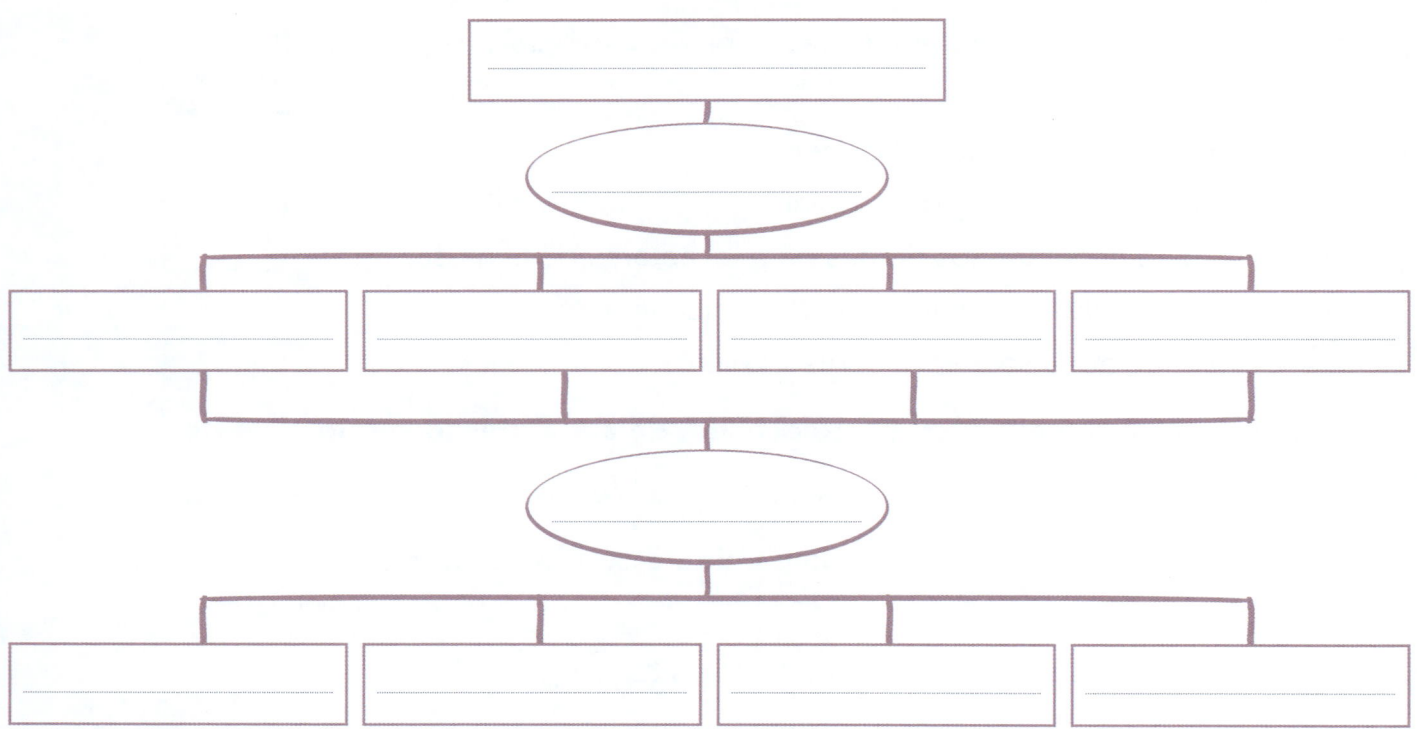

... y al revés

➡ **Leyendo solo el mapa conceptual, intenta reconstruir el texto con tus palabras.**

Empanada de mejillones

Presta mucha atención al texto que vas a escuchar. Luego, realiza las actividades.

El texto está en las páginas 153 a 155 del libro

➜ **¿A quién lanzó el bizcocho duro?**
a A Escarlatina.
b Al perro del vecino.
c A un perro callejero.

➜ **En lugar de darle al perro, ¿dónde acabó el bizcocho?**
a En una piscina.
b Encima de un coche que pasaba.
c En el tejado de su caseta.

➜ **Con los nervios, a Escarlatina le dio por…**
a estornudar.
b hablar sin parar.
c cantar viejas canciones.

➜ **¿Quién trajo los ingredientes?**
a Escarlatina.
b El abuelo.
c Nicotina, la conductora.

➜ **¿Quién limpió los mejillones?**
a El abuelo.
b Escarlatina.
c La araña.

➜ **Las empanadas favoritas de Román son…**
a las de tomate.
b las de cocido y de zamburiñas.
c las de pulpo.

➜ **Marca con una cruz las tres afirmaciones que son verdaderas.**

☐ Hacer empanada es muy aburrido.
☐ Si la masa sale mal, se estropea toda la empanada.
☐ El gato se encargó de hacer la masa.
☐ La araña, lady Horreur, tenía mucho genio.
☐ Nicotina, la conductora, llevó berberechos en lugar de mejillones.
☐ El abuelo llama a Román capitán.

➜ **Numera del 1 al 4 estas situaciones según el orden en el que suceden.**

☐ Tiró el bizcocho al perro del vecino.
☐ El bizcocho le quedó muy duro.
☐ El abuelo se encargó de diseccionar los mejillones.
☐ Nicotina lleva los ingredientes para cocinar la empanada.

➜ **¿Has cocinado alguna vez un plato? ¿Cuál?**

➜ **Inventa un nuevo título para el texto que has escuchado.**

En la realización de esta obra han intervenido:

Asesoría
Carlos Álvarez de Eulate

Edición
Amparo Moreno Gullón

Diseño gráfico
Cristóbal Gutiérrez Camacho

Ilustración
Luis Tobalina

Fotografía
123RF y colaboradores e iStock

Maquetación
Juan Pablo Mora

Los **audios** para «Escucho y Comprendo» (páginas 23, 43 y 63) están disponibles en

Las actividades de este cuaderno, que se basan en el libro *Escarlatina, la cocinera cadáver*, de Ledicia Costas, publicado por el Grupo Anaya, están elaborados de acuerdo con los criterios psicopedagógicos y los requerimientos del Proyecto Editorial de **Juegos de Lectura - Lectura Eficaz.**

La denominación **Juegos de Lectura - Lectura Eficaz** (distintivo con gráfico) está registrada a nombre de Grupo Editorial Bruño, S. L. (marca M1567099).

© del texto: Grupo Editorial Bruño, S. L., 2024
© de esta edición: Grupo Editorial Bruño, S. L., 2024
  Valentín Beato, 21
  28037 Madrid

ISBN: 978-84-696-3557-5
Depósito legal: M-290-2024
Printed in Spain